CW00880755

COUP D'ŒIL

SUR LA

SOCIÉTÉ DE GÉOGRAPHIE

DE GENÈVE

DEPUIS SA FONDATION EN 1858

PAR

ARTHUR DE CLAPARÈDE

DOCTEUR EN DROIT

Président de la Société de géographie de Genève
Membre d'honneur ou correspondant
des Sociétés de géographie de Berne, du Cher, de Lima, de Londres, de Marseille
et de la Société de géographie commerciale de Paris.

Nouvelle édition
revue, augmentée et mise à jour, à l'occasion du cinquantenaire de la Société
et du neuvième Congrès international de géographie,
avec deux planches hors texte

GENÈVE
IMPRIMERIE « ATAR », CORRATERIE, 12

1908

COUP D'ŒIL

SUR LA

SOCIÉTÉ DE GÉOGRAPHIE

DE GENÈVE

Aux Membres

du neuvième Congrès International

de Géographie

l'auteur dédie la nouvelle édition

de cet opuscule.

LA BOISSERETTE, GENÈVE

Mai 1908.

HENRY BOUTHILLIER DE BEAUMONT

(1819-1898)

J. Lacroix, phot., Genève.

Gravure et Impression
Saday, Sécheron-Genève

Préface de la seconde édition

Cette plaquette n'est pas une simple réimpression.

Avant d'offrir aux membres du neuvième Congrès international de géographie une nouvelle édition de la notice publiée par la Société de géographie de Genève, à l'occasion de l'Exposition nationale suisse de 1896, l'auteur a revu de près son travail, l'a remanié sur quelques points et l'a continué jusqu'en 1908, de façon à présenter au lecteur le tableau aussi exact que possible de l'activité scientifique de cette compagnie pendant les cinquante premières années de son existence.

C'est ainsi qu'aux noms cités dans la publication primitive viennent s'ajouter ceux d'une cinquantaine de personnes, qui, à un titre ou à un autre, ont contribué au succès de l'œuvre accomplie par la Société de géographie de Genève.

Mais, malgré le soin qu'il a apporté à cette revision et à cette mise au point, l'auteur est frappé, comme il l'était déjà il y a douze ans, des défectuosités et des lacunes de son ouvrage; du moins peut-il affirmer, aujourd'hui encore, que s'il s'est trompé il l'a fait de bonne foi, et qu'il en est aux regrets, très sincèrement.

Et au moment de dater cette préface du hameau des Claparèdes, pittoresques vieilles maisons groupées sur une éminence dans un vallon du versant oriental des Cévennes, qu'habitaient ses ancêtres au XVIe siècle et dont ils ont pris le nom — à moins qu'ils ne lui aient donné le leur, — l'auteur ne saurait s'empêcher de faire un retour sur la fortune des hommes, la destinée des familles et l'évolution des Etats. Mais n'étant ni Bossuet ni Petit-Jean, et ne se sentant aucune velléité de reprendre — après tant d'autres — le thème du « Discours sur l'histoire universelle » ou celui du grand morceau de la scène III de l'acte III des « Plaideurs », il gardera pour lui ses réflexions sur

L'inconstance du monde et sa vicissitude,

qui n'auraient d'ailleurs rien de bien neuf, et se bornera à une seule remarque à ce sujet.

Genève, l'ancienne Rome protestante, la capitale de la Réforme calvinienne, République minuscule, grande par une idée, ville sans territoire, dont on a pu dire qu'elle

S'annexa des esprits et non pas des Etats,

plus cosmopolite peut-être au XXe siècle qu'elle ne le fut jamais au XVIe et au XVIIe, mais d'un cosmopolitisme fort différent, est bien l'une des cités les plus internationales qui soient au monde. Qu'on le veuille ou non, qu'on le regrette ou qu'on s'en réjouisse, qu'on en rie ou qu'on en pleure, la ville de Calvin subit une transformation profonde. Tous les cultes y sont, depuis longtemps, librement professés, toutes les sectes religieuses y pullulent, toutes les idées y bouillonnent, tous les levains fermentent, toutes les expériences politiques et sociales se tentent dans ce laboratoire, sorte de caravansérail où toutes les nationalités se coudoient, et où l'on entend parler toutes les langues, voire encore le français, et souvent assez mal : aussi la vieille cité du

Refuge huguenot est-elle devenue, grâce à son interna-
tionalisme[1]*, la ville par excellence des Congrès. Bon an*
mal an, il ne s'en tient pas moins d'une dizaine chaque
été, dans ses murs. Et les Genevois n'ont, par ailleurs,
qu'à s'en féliciter. Dans la longue liste des Congrès qui
s'y réuniront du mois de mai au mois de septembre 1908,
il en est un qui par le nombre de ses adhérents, par
l'importance des sujets inscrits à son ordre du jour, par
la qualité hors de pair de ceux qui prendront part à
ses travaux, mérite une mention toute particulière : c'est
le neuvième Congrès international de géographie,
lequel siégera du 27 juillet au 6 août prochain.

Que ses membres veuillent bien trouver ici l'expres-
sion des souhaits de bienvenue que le Comité d'orga-
nisation du Congrès et la Société de géographie de
Genève sont heureux de leur adresser par ces lignes.

Les Claparèdes (commune de Pompignan), par Saint-
Hippolyte-du-Fort (Gard), ce 9 mai 1908.

Arthur DE CLAPARÈDE.

[1] *La liste des étudiants de l'Université de Genève est instructive à*
cet égard. Celle du semestre d'hiver 1907-1908 compte 1699 noms
appartenant à 27 nationalités différentes.

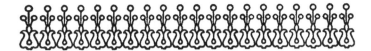

Avant-propos de la première édition

Les pages qui suivent ont été rédigées à la demande du Bureau de la Société de géographie de Genève pour figurer à l'Exposition nationale suisse (Groupe XVII : Education, Instruction, Littérature, Sciences, etc.) qui s'ouvrira le 1er mai 1896.

Laissant autant que possible de côté les questions administratives qui, la plupart du temps, ne sont que des questions de personnes, l'auteur s'est efforcé de retracer un tableau fidèle de l'activité scientifique de la Société de géographie de Genève, de 1858 à 1896.

Cependant, au moment de livrer cette notice à la publicité, il éprouve un scrupule, car il se rend fort bien compte et des imperfections et des lacunes de son ouvrage.

L'équité eût peut-être voulu qu'il mentionnât intégralement les titres de tous les travaux qui ont été présentés à la Société depuis trente-huit années et dont le texte, publié in extenso ou en résumé dans le « Globe », ne forme pas moins de trente-cinq volumes in-8°. Un instant, il avait pensé à le faire ; mais il a dû bien vite y renoncer. La présente notice eût pris un développement beaucoup trop considérable. Elle n'aurait plus eu d'ailleurs, aux yeux du public auquel elle est destinée à l'occasion de l'Exposition, que le genre d'intérêt spécial qu'offrent les catalogues, les tables des matières et les damiers.

Obligé par le cadre même de cette étude de se restreindre dans des limites étroitement fixées, l'auteur a dû faire un choix dans l'abondante floraison scientifique qui s'épanouissait sous ses pas, au fur et à mesure de ses recherches, et borner ses indications aux types — si l'on peut ainsi dire — qui lui ont semblé de nature à donner une idée adéquate des diverses branches d'activité de la Société.

Les noms de près de cent quarante personnes différentes viennent ainsi — d'aucuns à plusieurs reprises — sous sa plume au cours de cette brève notice, dans laquelle il cite en général les œuvres originales de préférence à celles qui ne sont que de seconde main et aux simples compilations.

Et si dans le travail délicat — et plus considérable peut-être qu'il n'y paraît — de dépouillement et de classement auquel il a dû se livrer, l'auteur a commis quelque erreur, s'il s'est rendu coupable de quelque fâcheuse omission, du moins pourra-t-il affirmer le cas échéant, en toute sincérité, que sa faute est involontaire et il sera le premier à en éprouver le plus vif regret.

Avril 1896.

A. de C.

Coup d'œil

sur la

Société de Géographie de Genève

depuis sa fondation en 1858

par

ARTHUR DE CLAPARÈDE

PRÉSIDENT

CHAPITRE PREMIER

Les débuts

Fondée les 18, 24 et 28 mars 1858, par Henry Bouthillier de Beaumont, avec le concours de MM. Georges Appia, Casimir de Candolle, Fr. Chappuis, Henry Dunant, Henri Peyrot et Henri de Saussure, la Société de géographie de Genève est, dans l'ordre chronologique, la quatorzième parmi les cent cinquante sociétés ou sections de sociétés similaires qui, de Helsingfors, au nord, jusqu'à Melbourne, au sud, existent présentement dans les cinq parties du monde.

Le mouvement qui tend à grouper en faisceaux, dans les principaux centres de culture intellectuelle, les voyageurs, les savants et les dilettantes de la science pour faire fructifier, dans l'intérêt de tous, les connaissances géographiques nouvelles, date de l'époque de la Restauration. C'est à Paris qu'il se manifesta pour la première fois. En 1821, quelques hommes distingués parmi lesquels nous citerons d'Avezac, Barbié du Bocage, Jomard, Malte-Brun père et Vivien de Saint-Martin, qui fut longtemps avec Paul Chaix le doyen des géographes des deux mondes, formèrent dans la capitale de la France une société savante, reconnue d'utilité publique par ordonnance du roi, en 1827. C'est la Société de géographie de Paris ou, pour l'appeler du nom qu'elle porte encore officiellement aujourd'hui, la « Société de géographie » sans autre indication. Comme elle était alors seule de son espèce, ses fondateurs ne crurent pas nécessaire de préciser.

L'exemple donné par Paris fut bientôt suivi en Allemagne et en Angleterre. Sept ans étaient à peine écoulés depuis la fondation de la Société de géographie de Paris qu'il se créait à Berlin, en 1828, une société analogue (*Gesellschaft für Erdkunde zu Berlin*). Deux ans plus tard, en 1830, la célèbre *Royal Geographical Society* était fondée à Londres.

Laissant de côté quelques sociétés dont l'éphémère existence ne demande point à être mentionnée, nous enregistrons la création de Sociétés de géographie à Francfort-sur-le-Mein en 1836, à Rio-de-Janeiro (l'Institut historique et géographique du Brésil) en 1838, à Mexico en 1839, à Darmstadt et à Saint-Pétersbourg en 1845, à Tiflis en 1850, à Irkoutsk en 1851, à New-York en 1852, à Vienne (Autriche) et à Buenos-Ayres en 1856, enfin, comme nous l'avons dit, à Genève en 1858.

Les débuts de la Société de géographie de Genève furent très modestes. Ce ne fut tout d'abord qu'une simple réunion d'amis qui s'assemblaient au domicile de l'un d'eux pour se tenir au courant des découvertes, se rendre compte mutuellement de leurs lectures ou faire dans un cercle intime le récit de leurs propres voyages.

Au 31 décembre 1858, neuf mois après sa fondation, la Société se composait de quinze membres. C'étaient, outre H. Bouthillier de Beaumont, G. Appia, C. de Candolle, F. Chappuis, H. Dunant, H. Peyrot et H. de Saussure dont nous avons déjà cité les noms, Louis Appia, Edmond Boissier, Paul Chaix, Rodolphe Duby, Adrien Naville, François Seguin, Ernest de Traz et Elie Wartmann.

Ces quinze personnes sont généralement considérées comme les membres fondateurs de la Société et l'usage a prévalu de les qualifier de la sorte bien qu'à proprement parler le titre de membre fondateur ne doive appartenir qu'aux sept premières.

La Société de géographie de Genève ne s'est d'ailleurs pas constituée en un jour. Elle fut longtemps à chercher sa formule. Très préoccupée de sa réglementation, elle ne s'organisa d'une manière définitive qu'en 1859 : aussi Alfred Le Fort et Frank de Morsier qui y entrèrent le 12 janvier de cette année-là, et Charles Galopin, Adolphe Gautier, Auguste d'Ivernois, Henri Lasserre, Henri Lombard et Gustave Rochette qui y furent admis le 12 avril suivant, ont-ils été souvent qualifiés, par extension, de membres fondateurs. Le nombre en serait ainsi de vingt-trois.

La mort impitoyable a fauché la plupart d'entre eux. Deux seulement font encore partie aujourd'hui de la Société : M. Casimir de Candolle, qui, démissionnaire en 1886, y est rentré dix ans plus tard et M. le pasteur Georges Appia, à Paris, lequel après avoir été l'un des fondateurs de la Société en est devenu peu après le premier membre correspondant. Deux sur vingt-trois. Hélas! c'est bien peu. Et pourtant c'est beaucoup : *Haud multi, sed multum!* [1]

Les premières réunions de la Société avaient, nous l'avons dit, un caractère tout familier. Les séances se tenaient chez Henry de Beaumont, au Calabri (la maison porte aujourd'hui le numéro 2 de la rue de la Croix-Rouge), puis, à partir de 1859, à l'Ecole technique spéciale fondée par le colonel Aubert et Gustave Rochette, rue de l'Evêché.

Mais Henry de Beaumont avait foi dans la vitalité de l'œuvre dont il avait pris l'initiative. Brûlant du désir de faire connaître sa jeune Société, il fit publier, dès l'année 1860, un premier volume de *Mémoires* et *Bulletin* qui demande une mention particulière.

«Au milieu d'une population aussi instruite,» lisons-nous dans l'introduction de cet ouvrage, qui est due à la plume de Henry de Beaumont, «dans un pays qui, au travers des vicissitudes politiques, suit toujours les traditions de culture intellectuelle de ses pères, la Société de géographie de Genève ne peut manquer d'attirer à elle la sympathie et la collaboration des savants qui font honneur à la patrie et de réunir les documents épars des nombreux voyages, fruit du goût dominant des habitants de ce pays ou de leurs besoins industriels, etc. »

[1] Après M. de Candolle, ce sont MM. Gustave Moynier, associé étranger de l'Institut de France, admis le 20 décembre 1859, et François Turrettini, entré dans la Société le 9 décembre 1862, qui en sont aujourd'hui les plus anciens membres effectifs.

L'avenir devait justifier les prévisions optimistes
de Henry de Beaumont. Plus lentement, sans doute,
qu'il ne l'avait espéré, mais d'autant plus sûrement
peut-être, la Société de géographie de Genève, en
dépit des difficultés qu'elle rencontra et des raille-
ries qui ne lui furent pas ménagées, a, malgré quelques crises passagères, fait convenablement son
chemin, et jamais elle n'a été aussi prospère qu'aujourd'hui.

La publication du *Globe* — car bien qu'il n'en
portât point encore le nom [1], le volume de *Mémoires*
et *Bulletin* que nous avons signalé n'en constitue pas
moins le tome I⁰ʳ de la collection du *Globe* — a grandement contribué au développement et à la prospé-
rité croissante de la Société de géographie. Nous ne
faisons donc ici que remplir un devoir en en repor-
tant l'honneur, en première ligne, à ceux qui ont pris
l'initiative de la création de ce journal géographique,
qui, pendant un quart de siècle, l'ont généreusement
soutenu de leurs deniers et qui en ont dirigé la
publication, en particulier Eugène de Budé, son
fondateur, Henry de Beaumont et Ernest de Traz.

Il faut dire aussi que ce premier volume eut l'heur
de débuter par une étude magistrale sur l'ethnographie de l'Afrique due à la plume de l'un des hommes
qui ont le plus contribué au progrès de l'enseignement de la géographie à Genève, le professeur Paul
Chaix. Sa précieuse collaboration, qui a duré jusqu'à
sa mort, a été certainement l'un des principaux
éléments de succès du *Globe* et, partant, de la Société
de géographie. A quatre-vingt-onze ans bien sonnés,

[1] La publication prit ce titre en 1866.

le professeur Paul Chaix était encore le plus fidèle,
le plus dévoué, le plus actif et le plus fécond des
collaborateurs du *Globe*. Trois cartes, dessinées par
l'auteur, facilitent la lecture du beau travail par lequel
s'ouvre la publication de la Société.

Ce premier volume contient encore de fort intéressants mémoires du même Paul Chaix sur les explorations arctiques du Dr Kane et de Mac-Clintock ;
de Fr. Chappuis sur les lignes de commerce d'Alexandrie, de Suez et de la mer Rouge et sur une visite
à l'imam de Mascate, à Zanguebar ; de Henry de
Beaumont sur des essais d'agriculture dans le
Kamtschatka; de Ch. Galopin sur les îles Hawaï et
du baron Aucapitaine sur la *Zaouïa* de Chellata.

Le premier volume du *Bulletin* contient des extraits
de procès-verbaux des séances de la Société — le
premier en date est du 14 décembre 1858 — divers
comptes rendus, des correspondances — dont deux
de Francis Berton, consul de Suisse à San Francisco,
l'un des plus assidus correspondants de la Société,
— des nouvelles géographiques, et une liste des ouvrages reçus : en tout 122 pages et trois cartes. Les
Mémoires comptent 361 pages et quatre cartes. On
voit que la première publication de la Société de
géographie n'a pas moins de 483 pages d'impression
auxquelles il faut ajouter six cartes dessinées et gra-
vées pour la Société.

Une publication pareille devait permettre à la Société de géographie de Genève d'entrer aisément en
rapports d'échanges avec les Sociétés de géographie
d'autres pays et donner à son activité scientifique un
essor considérable. Ces échanges n'ont fait dès
lors que s'accroître et la Société reçoit aujourd'hui

environ cent cinquante périodiques géographiques de différentes sortes, paraissant dans les cinq parties du monde.

L'année 1864 marque une date importante dans les annales de la Société. C'est alors qu'elle transporta ses pénates à l'Athénée, ce palais élevé à la science par la munificence de la famille Eynard. La location du beau salon où elle a dès lors siégé, jusqu'en 1907, faisait à la Société de géographie une situation privilégiée et fort enviée parmi toutes les sociétés savantes, libres et indépendantes de l'Etat, qui sont si nombreuses à Genève. Nous nous flattions de l'idée qu'elle y demeurerait indéfiniment. Car telle était, croyons-nous, la pensée des fondateurs de l'Athénée. Malheureusement, la Société des arts, devenue propriétaire de l'immeuble, après avoir fait subir au loyer de la Société de géographie une augmentation de 75 o/o, il y a quelques années, nous annonça qu'à son expiration le bail ne serait pas renouvelé, l'une des branches de la Société des arts, la Classe des beaux-arts, réclamant pour son propre usage le salon dont nous avions la jouissance. Il n'y avait qu'à s'incliner et, pour pouvoir rester à l'Athénée, la Société de géographie dut accepter de transférer sa bibliothèque dans la pièce qu'elle y occupe depuis le mois de novembre 1907, dont l'entrée, de plain-pied par la rue St-Léger, est de deux étages en sous-sol par la rue de l'Athénée. Le nouveau bail est conclu jusqu'au 31 décembre 1916.

CHAPITRE II

Cinquante années d'activité scientifique

Nous ne saurions analyser ici, ni même énumérer toutes les communications, d'ailleurs d'inégale valeur, que la Société de géographie a entendues de 1858 à 1908. Nous renvoyons le lecteur curieux de renseignements à la collection des quarante-sept volumes du *Globe*. Il y verra que rien de ce qui touche à la géographie, dans la plus vaste acception du terme, n'a laissé la Société indifférente et que les sujets les plus divers ont été tour à tour abordés dans ses séances. Qu'il s'agisse de travaux scientifiques proprement dits, d'explorations, de voyages, d'enseignement de la géographie, de géographie économique et commerciale, d'ethnographie, de cosmographie, etc., les communications ont toujours été inédites, au moins en traduction.

La Société de géographie de Genève a eu souventes fois la visite d'étrangers de distinction, explorateurs illustres, voyageurs hardis, savants de grand renom, qu'elle s'est attachés en leur décernant le titre de membre honoraire ou de membre correspondant. D'aucuns fixés pour un temps plus ou moins long dans notre pays ont tenu à entrer dans la Société en qualité de membres effectifs.

C'est ainsi que la Société a eu le privilège d'entendre et de faire entendre au public genevois des communications et de recevoir fréquemment des correspondances d'une inappréciable valeur, parmi lesquelles nous citerons les conférences de van de Velde (1863) sur la Palestine ; du baron de Maltzan (1866) sur son pèlerinage à la Mecque ; de Victor Largeau (1876) sur les résultats géographiques et géologiques de son dernier voyage de Touggourt à Ghadamès ; du général Venukoff toute une série de communications sur les explorations et les découvertes géographiques des Russes en Sibérie et dans l'Asie centrale ; de Léon Metchnikoff (1877 et 1878) sur les origines et l'histoire de la nationalité japonaise, sur son voyage autour du monde ; d'Elisée Reclus (1876 à 1881) sur le Bosphore et la mer Noire, sur l'équilibre et le balancement des terres et des mers, sur le Yarou-Tsangbo, le Brahmapoutra et l'Irraouady, etc. ; de Camille Douls (1888) sur son exploration du Sahara occidental et sa captivité chez les Maures nomades ; de sir Richard-F. Burton (1888) sur son fameux pèlerinage à la Mecque et son non moins fameux voyage à Harrar ; du prince Roland Bonaparte (1889) sur la Norvège et sur la Corse ; de M. Jules Borelli (1891) sur l'Ethiopie méridionale ; de M. Victor Dingelstedt (1891) sur les Khevsoures du Caucase et sur les populations caucasiennes en général ; de M. R.-A. Eeckout (1892) sur les Indes orientales néerlandaises ; de M. Guido Cora (1892) sur les Tsiganes ; de Mme Zelia Nuttall (1895) sur un ancien plan de Mexico du XVIme siècle ; de M. D. Levat (1896) sur le trajet de Moscou à Vladivostock par le Transsibérien, alors en construction ; de M. Carl-C. Jeremiassen, missionnaire, sur l'île Haïnan (1898) ; de M. A.-H. Savage Landor sur son expédition au Tibet (1899) ; de M. Hugues Le Roux sur l'Abyssinie (1901), sous le titre même qu'il devait plus tard donner à son volume *Ménélick et nous* ; de Mᵐᵉ Adélaïde Sargenton-Galichon sur le voyage d'une femme à la Péninsule sinaïtique et dans l'Arabie Pétrée (1902), à travers le Haurân et chez les Druses (1904); de M. M. Kebedgy, sur le rôle de la géographie et de l'ethnographie dans la question macédonienne actuelle (1904) et sur l'Hellénisme contemporain (1907) ; de M. Ion Perdicaris sur sa captivité, qui mit un moment en émoi le monde civilisé, lorsqu'il fut enlevé par Erraïssouli dans la banlieue de Tanger, et sur la situation du Maroc (1904); du marquis d'Albizzi sur Assise et le mont Alverne (1905), sur Viborg et la Finlande ; du général Arent sur la République Argentine d'aujourd'hui et son avenir (1905); enfin de M. Edgard Mercinier sur son voyage d'Alexandrie d'Egypte au 80° lat. N. jusqu'au Spitzberg et à la banquise (1908).

Nous ne saurions non plus passer sous silence les importants mémoires adressés à la Société par le baron Aucapitaine sur l'origine des races nord-africaines, par A. Boué sur l'ethnographie de la Turquie d'Europe, par le baron de Maltzan sur ses voyages dans le sud de l'Arabie et dans l'Hadramaout, par Victor Largeau sur ses explorations dans le nord du Sahara, en particulier le journal de son voyage à Ghadamès, par Herbert Wood sur le changement de direction survenu dans le cours de l'Amou Daria, etc., etc.

Enfin, si Henry Stanley et M. Arminius Vambéry n'ont jamais fait de communications dans nos séances

PAUL CHAIX

(1808-1901)

J. Lacroix, phot., Genève.

Gravure et Impression
Sadag, Sécheron-Genève

et ne nous ont pas envoyé non plus de mémoires,
nous croyons pouvoir citer ici leur nom, car ils ont
été en rapports immédiats avec notre Société, à
laquelle ils ont appartenu ou appartiennent l'un et
l'autre, et dont ils ont reçu des délégations officielles
lors des séjours qu'ils ont faits à Genève, le premier
en 1890, le second en 1894.

Mais les étrangers ne doivent point nous faire oublier nos compatriotes. Les Suisses en général, les
Genevois en particulier, ont toujours eu le goût,
voire la passion des voyages. Entraînés par leur
esprit aventureux, par les exigences de leur carrière
ou par les nécessités de la lutte pour la vie, un
grand nombre d'entre eux s'expatrient ; mais le
souvenir du pays natal demeure gravé au fond
du cœur de tous les Suisses ; aussi beaucoup y
reviennent-ils.

Longue est la liste des électeurs qui accomplissent
régulièrement leurs devoirs civiques, qui signent des
demandes de referendum ou d'initiative populaire,
comme s'ils n'avaient jamais rien fait d'autre, qui paient
leurs contributions sans barguigner, qui fréquentent
un cercle où ils discutent de toutes les choses divines
et humaines, qui font partie de vingt ou trente sociétés et qui, avant d'en venir là, ont fait au moins une
fois le tour du monde.

Plusieurs de nos concitoyens et de nos confédérés
ont fait bénéficier notre Société de géographie de la
primeur ou des résultats scientifiques de leurs lointains
voyages. Nous ne saurions indiquer ici toutes les
communications de ce genre que la Société a eu l'avan-
tage d'entendre depuis cinquante ans. Nous nous
bornerons à en citer quelques-unes prises au hasard

de la plume, en les indiquant dans l'ordre alphabé-
tique des noms de leurs auteurs :

Ce sont les communications de MM. M. Bedot
sur l'Archipel malais; Max van Berchem sur le nord
de la Syrie; P. Berthoud sur la géographie et
l'ethnographie du Transvaal; Alfred Bertrand sur
la vallée du Cachemire, les canaux latéraux du
détroit de Magellan, la Grande Muraille de la
Chine et la Mongolie intérieure, etc. ; Alf. Boissier
sur la Cappadoce : L. Borel sur la Gambie ; A.
Brémond sur Sidon, Damas et Baalbek; Louis
Bridel, professeur à l'Université de Tokio, sur le
Japon, notes et impressions; William Briquet, ingénieur de la Société de construction des chemins de
fer indo-chinois, à Mongtsé (Chine), sur le trajet du
Tonkin au Yunnan ; Albert Brun sur les volcans des
Canaries; J. Brun sur son exploration du Sahara
algérien ; A. Clément sur la Mésopotamie, sur le
Kourdistan turc, sur le transport d'antiquités nini-
vites de Bagdad à Bassorah, etc. ; R. Duby sur la
Floride, sur le Brésil ; Alfred Dufour sur la nature
et la vie dans les montagnes Bleues de la Caroline
du Nord ; le Dr M. Dufour sur Tanger et ses environs, sur Madère, sur le parc de Yellowstone,
sur le Japon ; Louis Duparc sur la région des
grands lacs des Etats-Unis et surtout sur les
voyages d'exploration qu'il a accomplis à diverses
reprises dans l'Oural du Nord ; le Dr B.-P.-G.
Hochreutiner sur le Sud-Oranais et sur un voyage
autour du continent australien; J. Ehni sur le
mont Hor et les ruines de Pétra; W. Favre sur la
Chine et en particulier sur le cours du Yang-tsé-
Kiang, de son embouchure jusqu'à Han-Kéou ; le

Dr Ferrière sur Madère ; H. Gaullieur sur les trans-
formations du Far-West américain ; Edmond Gautier
sur le nord du Transvaal ; Lucien Gautier, sur le
pays au delà du Jourdain, sur la mer Morte, sur le
lac de Tibériade ; J. Huber sur la région du Bas-
Amazone ; Aimé Humbert sur la mer intérieure du
Japon ; Aloïs Humbert sur les Maldives, sur la
Nouvelle-Zélande, sur les palmiers de Ceylan, etc. ;
A. d'Ivernois sur Java ; le Dr Jules Jacot-Guillar-
mod sur son voyage et ses explorations dans l'Hima-
laya du Sikkim et du Népal en particulier sa tentative d'ascension du Kangchinjunga ; Louis Jalla,
missionnaire, sur sa visite aux trois grands lacs de
l'Afrique orientale ; H. Junod, missionnaire égale-
ment, sur les ba-Ronga (Afrique australe) ; Adolphe
Keller sur le mont Sinaï, sur le Ouadi Natron et
ses couvents coptes ; Eug. Le Royer sur la province
de Mozambique et Johannesburg ; F. Machon sur
son exploration d'une partie de la Patagonie, et sur
ses souvenirs du Paraguay ; Albert Malsch sur les
deux ans qu'il a passés au Chili ; Ed. Marcet sur le
Queensland et sur la partie N.-E. de l'Australie qui,
depuis, a été aussi incorporée au Queensland ;
Edouard Montet sur le Grand-Atlas et le Sud- Ma-
rocain, et sur la Nouvelle-Angleterre et le Canada ;
Ed. Naville sur ses fouilles dans la Basse-Egypte et
dans la Haute-Egypte, notamment à Deir-el-Bahari ;
R. Pictet sur le canal de Suez ; F. Ramseyer sur la
Côte-d'Or ; Gustave Revilliod sur l'Extrême-Orient,
en particulier sur l'Inde anglaise ; John-F. Revilliod
sur la presqu'île de Malacca, sur l'île d'Yézo ; J.
Rochette sur la Tunisie ; A. Roussy sur les Ya-
koutes ; le Dr Fritz Sarasin sur son quatrième

voyage d'exploration à Ceylan et les Weddas de l'époque paléolithique; Henri de Saussure sur l'hydrologie du Mexique, sur les ruines du Mexique, sur l'aqueduc de Carthage, sur le Sud-Oranais, etc.; Léopold de Saussure sur la Corée; le Dr Sulzer sur la grande éruption de Krakatao; Ernest-V. Thévoz, administrateur de 1re classe au service de l'Etat indépendant du Congo, sur ses souvenirs du Haut-Congo; H. Tronchin sur l'Indo-Chine et en particulier sur les ruines d'Angkor; Th. Vernet sur l'Afrique méridionale; le Dr Vourloud sur le Congo, etc.

Cette longue énumération est loin d'être complète[1]. Elle suffira néanmoins à montrer la place considérable que les explorations et voyages ont toujours tenue dans les travaux de la Société de géographie. Ajoutons que le Dr Fritz Sarasin a fait en allemand la conférence que nous venons de citer. C'est la première et d'ailleurs jusqu'ici la seule fois qu'une séance de la Société de géographie a eu lieu en allemand, le Président s'étant mis à l'unisson du conférencier. L'amphithéâtre de l'Athénée était plein. L'expérience ayant réussi, il sera possible, le cas échéant, de la recommencer.

Encore faut-il remarquer que nous n'avons mentionné que les relations de voyages accomplis dans les pays extra-européens. Si nous voulions indiquer les noms de tous ceux qui ont communiqué à la Société quelques-uns des souvenirs de leurs voyages

[1] Il y aurait en tout cas lieu d'y ajouter le nom de M. de Claparède, ne fût-ce que pour ses souvenirs du Canada et de l'Ouest-Oranais ainsi que pour ses conférences sur le Japon et sur les Etats-Unis d'Amérique. — *Note du Bureau de la Société de géographie.*

ou de leurs séjours dans diverses contrées de l'Europe, il faudrait ajouter à plusieurs des noms que nous venons de citer ceux de MM. A. d'Arcis, Bouthillier de Beaumont, John Briquet, Emile Chaix, R. Chodat, le D^r Ed. Dufresne, Louis Duparc, Mme Emilie Gautier, Egmond Gœgg, le Dr Gosse, M. Holban, H. de la Harpe, Antony Krafft, le Dr E. Lardy, D. Lenoir, Alexandre Lombard, Ernest Martin, Ch.-E. Piguet, ancien Directeur du Ministère des Affaires Etrangères du Monténégro, Eug. Pittard, Gustave Rochette, Jules Rochette, G. Strézoff, Ernest Stroehlin, F. Thioly et bien d'autres encore [1].

La science pure occupe une place analogue à celle des explorations et voyages dans les travaux de la Société.

Nous avons déjà cité en parlant du premier volume de nos *Mémoires et Bulletin* le nom vénéré de Paul Chaix. Nous n'entreprendrons pas d'énumérer toutes les communications que le savant professeur a faites à la Société pendant quarante-quatre ans, ni toutes les cartes de géographie qu'il a dessinées pour le *Globe* depuis ses trois cartes ethnographiques de l'Afrique orientale, de l'Afrique occidentale et de l'Afrique méridionale et son croquis des terres arctiques de l'Amérique, qui ont paru en 1860, jusqu'à une carte de l'île de Chypre publiée dans le *Globe* en 1880.

La Société de géographie de Genève eut d'ailleurs la bonne fortune de compter au nombre de ses membres effectifs l'un des maîtres de la science

---

[1] Entre autres M. de Claparède. — *Bureau de la Société de géographie.*

cartographique, le général G.-H. Dufour qui publia
dans le tome II des *Mémoires* une importante notice
(avec une carte de triangulation) sur la carte de la
Suisse dont il a dirigé les travaux, le levé trigono-
métrique, le dessin, la gravure et la publication. Le
nom du général Dufour demeurera toujours attaché
à cette carte dont Petermann, l'une des plus hautes
autorités en cette matière, a pu dire avec raison que
c'est la plus belle carte qui ait jamais été faite. Le
général Dufour a fait encore plusieurs autres communications géodésiques à la Société.

Les travaux cartographiques de Henry Bouthillier
de Beaumont méritent une mention. Il est l'auteur
d'une nouvelle projection originale de la sphère
entière comme planisphère et il s'est fait à plusieurs
congrès internationaux, aux réunions de l'Association des Sociétés suisses de géographie et dans le
sein de notre Société l'apôtre convaincu de l'heure
universelle et d'un méridien initial unique.

Citons encore dans le domaine de la géodésie et
de la cartographie les communications de Henri de
Saussure sur la Suisse à l'Exposition géographique
internationale de Paris en 1875, mémoire étendu
qui est un modèle de ce genre de rapport; Paul
Chaix sur l'Exposition géographique internationale
de Venise en 1881 ; Adolphe Gautier sur l'Exposition cartographique de Zurich en 1883 et sur l'Exposition genevoise de cartographie ancienne organisée
par notre Société à l'Athénée en 1892; Ernest
Stroehlin sur l'Exposition géographique italienne de
Gênes en 1892; de MM. Ch. Perron sur des reliefs
cartographiques d'après un procédé nouveau dont il
est l'inventeur et sur la bibliothèque cartographique

d'Elisée Reclus ; Raoul Gautier sur quelques don-
nées et faits nouveaux en géodésie, sur la mesure
des bases géodésiques et du tunnel du Simplon, en
mars 1906 ; Horace-L. Coulin sur la topographie en
Suisse et les sondages de nos lacs, etc., enfin, *last
not least*, du colonel J.-J. Lochmann, ancien directeur du Bureau topographique fédéral, où il a
continué les excellentes traditions des Dufour et des
Siegfried, sur la cartographie suisse, notamment sur
la carte murale scolaire de notre pays à l'échelle
de 1 : 200 000 et sur les sondages du lac de
Constance.

Dans le domaine de la géographie physique, en
prenant ces mots dans leur sens le plus large, nous
trouvons des travaux de Henry de Beaumont sur
la formation des dunes ; de MM. Albert Brun sur
le volcanisme ; Jean Brunhes sur les systèmes mon-
tagneux de la Russie et leurs phénomènes volca-
niques et diverses communications sur le rôle de
l'érosion ; Ch. Cellérier sur l'influence de la rota-
tion terrestre sur les mouvements des eaux et de
l'atmosphère ; Emile Chaix sur la circulation océani-
que, sur les brises de montagnes, sur la topographie
du désert de Platé (Haute-Savoie), sur les côtes des
îles normandes de la Manche, diverses études volcanologiques relatives à l'Etna, d'autres travaux concernant l'érosion glaciaire, les lapiés etc.; Paul
Chaix sur les eaux minérales du Portugal ; Louis
Duparc sur l'existence de hautes terrasses dans
l'Oural septentrional ; Alphonse Favre plusieurs
communications relatives à la géologie de la Suisse,
de la Savoie et du Piémont, entre autres sur le
phénomène erratique ; le professeur Dr F.-A. Forel

sur les seiches de Genève; Frank de Morsier de nombreux travaux sur les régions polaires, sur les steppes et les déserts; Raoul Pictet sur la crue du Nil et les phénomènes qui l'accompagnent; W. Rosier sur l'océan Atlantique, sur l'hydrographie de l'Afrique, sur l'œcumène, etc.; Etienne Ritter sur l'orographie et l'hydrographie des Alpes de la Savoie; Henri de Saussure sur l'hydrologie du Mexique, étude magistrale que nous avons déjà citée en parlant des explorations et voyages et qui est à juste titre devenue classique, et plusieurs études volcanologiques du même auteur concernant l'Etna et le Vésuve; Ernest de Traz sur les courants de l'Atlantique, etc., et l'ouvrage de J.-M. Ziegler sur l'hypsométrie de la Suisse, traduit de l'allemand pour la Société par Octave Bourrit.

La géographie médicale nous offre des études du Dr H.-C. Lombard (*senior*) sur la météorologie au point de vue de la climatologie médicale, sur la distribution géographique des maladies et des infirmités qui sont une cause d'exemption militaire; du Dr Ed. Dufresne sur le sanatorium alpestre de Davos.

La géographie botanique peut revendiquer une remarquable étude sur l'île de Socotora par l'un des hommes qui ont fait le plus d'honneur à notre Société, Alphonse de Candolle, associé étranger de l'Institut de France (Académie des sciences), et les travaux de MM. Emile Chaix sur la flore de la région supérieure de l'Etna; J. Briquet sur la flore du massif de Platé et sur la géobotanique œcologique, branche nouvelle des sciences géographiques, et plusieurs études importantes de M. R. Chodat

relatives à la flore des Alpes et à celle de l'Espagne.

La géographie zoologique a valu à notre Société d'intéressants travaux de M. Samuel Biéler, directeur de l'Institut agricole du canton de Vaud, sur la distribution du bétail bovin dans le Valais, de la race caprine dans les Alpes, les recherches de M. Eug. Pittard sur la distribution des organismes inférieurs dans le lac de Genève, sur les vertébrés du Salève, sans compter la très curieuse étude de Frank de Morsier sur la ponte des tortues.

Aux nombreux travaux ethnographiques que nous avons indiqués en parlant des savants étrangers, des explorateurs et des voyageurs qui se sont fait entendre à la Société de géographie, il convient d'ajouter plusieurs communications du professeur Joseph Hornung sur les races slaves, ainsi que les études du Dr Dufresne sur le présent et l'avenir des populations de langue française dans l'Amérique du nord; du Dr E. Lardy sur les cartes ethnographiques de la Macédoine; du Dr Eug. Pittard sur l'ethnologie des peuples balkaniques; de M. Léopold de Saussure sur la Chine, considérée dans ses rapports avec les puissances de l'Occident; de M. W. Briquet sur la vie et les mœurs au Yunnan, etc.

L'anthropologie, cette science de récente création, proche voisine de la géographie et qui tend de plus en plus, et parfois même un peu trop, à servir de base à l'ethnographie, a valu à la Société de géographie d'assez nombreux et importants travaux du Dr Eug. Pittard relatifs surtout aux diverses races qui s'enchevêtrent dans la péninsule des Balkans, et du Dr H. Schenk sur les populations primitives de la Suisse.

La géographie historique, l'histoire des voyages et des découvertes devaient naturellement ouvrir un vaste champ à l'érudition de Paul Chaix. Citons entre autres, ses communications sur la conquête du Chili par Valdivia, sur Améric Vespucci, sur les voyages d'Ibn-Batoutah au XIVe siècle, sur les établissements des jésuites et les voyages du P. Lobo en Abyssinie au XVIe et au XVIIe siècle, sur Padoue au moyen âge, etc., et le dernier travail qu'il a présenté à la Société de géographie, dans sa séance du 9 mars 1900, sur les voyages de Marco Polo. Il était alors au milieu de sa quatre-vingt-douzième année. Dans le même domaine, mentionnons encore les études d'Adolphe Gautier sur Payerne, du professeur J. Wertheimer, grand rabbin, sur la vie et les voyages de Benjamin de Tudela au XIIe siècle, et de M. Edouard Naville sur la question d'Ithaque.

A l'actif de la géographie biblique nous trouvons plusieurs travaux considérables d'Alexandre Lombard sur la terre de Basçan et les villes des Réphraïm, sur la presqu'île du Sinaï et le désert de Tih, sur le pays d'Uz et le couvent de Job, etc., et surtout, plus récemment, de notre savant collègue M. Lucien Gautier, sur la contrée au delà du Jourdain, la mer Morte et le pays de Moab, le lac de Tibériade, et de M. Théodore Naville, sur Jérusalem ancienne. Tout à côté de la géographie biblique, il convient de citer l'étude de J. Wertheimer, sur la géographie dans le Talmud.

La cosmographie a aussi tenu sa place sur l'ordre

du jour des séances de la Société. Sous le titre
« Mars et la Terre », M. Raoul Gautier présentait,
en 1895, une importante étude de géographie et
d'aréographie comparées. Depuis, il a mis les
montagnes de notre satellite, la lune, à l'ordre du
jour de la Société de géographie, et M. Maurice
Lugeon, à propos de l'aérolithe tombé à Chatillens
(Vaud), qu'il a montré à l'une de nos séances, nous a
fait pénétrer dans la région des étoiles fixes et des
nébuleuses.

La géographie économique (commerce, industrie,
statistique, voies de communications, etc.) n'a jamais
tenu dans les travaux de la Société une place com-
parable à celle des explorations et voyages ou de la
géographie purement scientifique.

Nous avons pourtant quelques travaux importants
à signaler dans ce domaine. Ce sont des études de
M. Alfred Bertrand sur le projet de chemin de fer
de Souakim à Berber, destiné à faire communiquer
le Nil et la mer Rouge ; Paul Chaix sur le Danube,
sur le chemin de fer du Pacifique, sur les colonies
anglaises, etc. ; Adolphe Gautier sur les chemins de
fer des Alpes ; L.-F. Hoffmann sur plusieurs
vilayets ottomans, d'après les notes de M. Vital
Cuinet ; M. Emmanuel Kühne sur la statistique et
la démographie de la population genevoise ; Gustave
Rochette sur les possessions européennes en
Afrique ; Henri Romieux, ancien conseiller d'Etat,
sur la navigation intérieure en Suisse, question de
capitale importance pour l'avenir économique de
notre pays ; W. Rosier sur quelques caractères nouveaux de l'émigration européenne, etc.

Citons encore sans les classer sous aucune

rubrique, une lettre inédite de Descartes sur le Zuy-
dersee, communiquée à la Société par M. Eug. de
Budé, et la remarquable collection de lettres adressées
par Alexandre de Humboldt à Marc-Auguste
Pictet, de 1795 à 1824, et publiées pour la première
fois dans le *Globe* par les soins d'Albert Rilliet, en
1869. Cette correspondance, dans laquelle l'illustre
savant aborde un peu tous les sujets, est du plus
haut intérêt aussi bien au point de vue genevois
qu'au point de vue scientifique. Enfin, nous devons
une mention aux réflexions et indications de
D. Kaltbrunner sur la manière de voyager avec pro-
fit pour soi-même et pour autrui.

La Société a souvent entendu d'intéressantes
biographies — la plupart du temps hélas! sous forme
de nécrologies, — dues à la plume de Henry de
Beaumont, Paul Chaix, Ch. Faure, A. Roussy,
E. de Traz, H. Welter, etc[1].

La bibliographie géographique au sens le plus
large du mot, c'est-à-dire l'analyse des ouvrages
nouveaux, les comptes rendus des découvertes
d'après les livres récents et les publications des
sociétés de géographie, a toujours tenu une place
considérable, peut-être même parfois trop considérable, au moins à l'origine, — la bibliographie nous
paraissant plutôt faite pour le *Globe* que pour les
séances — parmi les travaux de la Société. MM.
Arthur d'Arcis, Henry de Beaumont, Alfred Boissier, Ch. Bourrit, Alph. Briquet, Eug. de Budé,
Emile Chaix, Paul Chaix, Victor Dingelstedt, le

---

[1] M. de Claparède a écrit aussi plusieurs nécrologies plus ou
moins étendues pour la Société de géographie. — *Bureau de la
Société de géographie.*

Dᵣ Dufresne, Ch. Faure, Walther Fol, Ch. Galopin, Lucien Gautier, Raoul Gautier, E. Gœgg,
L.-H. de la Harpe, Mᵐᵉ Th. de Harrasowsky,
André Hartmann, Alexandre Lombard, Ed. Montet, Adolphe de Morsier, Auguste de Morsier,
Frank de Morsier, Théodore Naville, J.-L. Peschier, Alfred Pictet, Auguste Revaclier, Elie Ritter,
Gustave Rochette, W. Rosier, Ernest de Traz, Elie
Wartmann, et bien d'autres[1] ont fourni ou fournis-
sent encore fréquemment dans ce domaine de nombreuses contributions aux travaux de la Société ou
à la rédaction du *Globe*.

Les questions multiples qui touchent à l'enseignement de la géographie, à la place qui doit revenir à
cette branche de la science dans les programmes des
établissements d'instruction primaire, secondaire et
supérieure ne pouvaient manquer d'attirer l'atten-
tion de la Société de géographie.

MM. Albert Petitpierre, G. Moynier, Ch.
Faure et W. Rosier en ont fait l'objet de plus d'une
communication à la Société, et de même que le
philosophe grec prouvait l'existence du mouvement
en marchant, la Société, à l'instigation de M. Moynier, se résolut à passer de la théorie à la pratique
en organisant elle-même un cours public de géographie supérieure, qui fut inauguré, en 1882, par
M. William Rosier, professeur au Gymnase, et continué par lui durant trois hivers consécutifs avec un
succès croissant.

En 1885, la Société remplaça ce cours par une

---

[1] Parmi lesquels M. de Claparède, à qui le *Globe* est redevable
depuis vingt ans d'un grand nombre d'articles bibliographiques.
— *Bureau de la Société de géographie.*

série de conférences sur des sujets géographiques
variés. M. Gust. Rochette s'occupa de leur organisation et pendant six ans on put entendre professer
tour à tour dans l'ancien et beau salon de la Société
de géographie, au premier étage de l'Athénée, MM.
André Bourdillon, Emile Chaix, Ed. Dufresne,
Adolphe Gautier, Aloïs Humbert, Ed. Naville,
W. Rosier, H. Welter, etc[1].

La Société a renoncé, en 1890, à faire donner cet
enseignement et c'est peut-être regrettable, car ces
cours ont grandement contribué à la vulgarisation des
connaissances géographiques dans la population de
notre ville. Le but que la Société s'était proposé en
instituant ces leçons a d'ailleurs été atteint. L'im-
pulsion donnée à cet enseignement ne s'est point
arrêtée. La géographie a fait pendant quelque temps
l'objet de cours parallèles de deux privat-docents à
l'Université, MM. E. Chaix et W. Rosier. En 1889,
le Conseil d'Etat décida la création d'une chaire extraordinaire de géographie à l'Université; mais la no-
mination du professeur n'eut jamais lieu, et en 1895,
le Conseil d'Etat rattachait l'enseignement de la géographie physique à la chaire d'astronomie dont le
titulaire est notre savant collègue, M. le professeur
Raoul Gautier, directeur de l'Observatoire, aujour-
d'hui doyen de la Faculté des Sciences.

Enfin, une loi spéciale a créé, en 1902, à la Faculté
des lettres et des sciences sociales une chaire ordi-
naire de géographie historique, politique et économique, à laquelle le Conseil d'Etat a appelé M. W. Ro-

[1] A ces noms il faut ajouter aussi celui de M. de Claparède. -
Bureau de la Société de géographie.

sier. Depuis, ce dernier est entré au Conseil d'Etat
(1906). Il s'est fait, dès lors, suppléer à l'Université
par M. Emile Chaix. La géographie politique, économique et sociale fait en outre l'objet du cours
d'un privat-docent[1] à la Faculté des lettres, depuis
l'année 1900.

[1] M. de Claparède. — *Bureau de la Société de géographie.*

Chapitre III

Relations avec les autres Sociétés de géographie. — Congrès

L A Société de géographie de Genève est entrée dès
ses origines en relations avec les autres Sociétés
de géographie et avec nombre d'autres sociétés savantes. Ces rapports n'ont fait que s'accroître et se
fortifier avec les années.

Notre Société a naturellement pris part aux huit
grands Congrès internationaux de géographie.

Si elle n'a eu qu'un délégué officieux au premier
de ces Congrès à Anvers, en 1871, elle s'est fait
représenter par des délégations officielles aux Congrès subséquents de Paris (1875), de Venise (1881),
de Paris (1889), de Berne (1891), de Londres (1895),
de Berlin (1899) et de Washington-New-York-Chi-
cago-Saint-Louis (1904).

Nous en dirons autant de quelques-uns des Congrès nationaux des sociétés françaises de géographie,
en particulier de ceux de Nancy en 1880, de Bourg-
en-Bresse en 1888, de Lyon en 1894, de Marseille
en 1898, d'Alger en 1899, de Paris en 1900, d'Oran
en 1902, de Rouen en 1903, de Tunis en 1904,
de Dunkerque en 1906 et de Bordeaux en 1907.
Le Congrès géographique italien tenu à Gênes en
1892, à l'occasion des fêtes commémoratives du

IVme Centenaire de la découverte de l'Amérique par Christophe Colomb, et le Congrès des Américanistes solennellement ouvert quelques semaines plus tard dans le cloître de Santa-Maria de la Rabida, en Andalousie, ont compté aussi au nombre de leurs membres des délégués de la Société de géographie de Genève[1].

Quelques années auparavant, M. Henri de Saussure avait assisté au Congrès des Américanistes à Madrid, en 1881, et ceux qui ont entendu ou qui ont lu le rapport qu'il présenta à notre Société en ont certainement gardé le souvenir.

La Société a été aussi officiellement représentée dans le Bureau du Congrès international des Orientalistes, tenu à Genève en septembre 1894, sous la présidence de notre éminent collègue M. Ed. Naville, et elle a envoyé un délégué au Congrès colonial qui a siégé à Bordeaux, en août 1907, à l'occasion de l'Exposition maritime internationale.

Enfin il nous sera permis de rappeler ici qu'en vertu de la décision prise à l'unanimité par le huitième Congrès international de géographie dans sa session de New-York, le 14 septembre 1904, le neuvième Congrès se réunira à Genève en 1908 — du 27 juillet au 6 août — à l'occasion du cinquantième anniversaire de la fondation de ladite Société.

Dès le mois de janvier 1906, la Société de géographie de Genève adressait un premier appel « à

---

[1] Il en a été de même du Congrès international de géographie économique et commerciale, tenu à Paris, sous la présidence de M. Emile Levasseur, de l'institut de France, en 1900, à l'occasion de l'Exposition universelle, et qui ne fait pas partie de la série des Congrès internationaux de géographie.

toutes les sociétés de géographie du monde » et, le
31 octobre suivant, le Comité d'organisation constitué par elle, en date du 11 janvier de la même année,
lançait ses circulaires d'invitation.

Nous en extrayons le passage suivant : « Ce n'est
pas la première fois que la Suisse aura le privilège
de recevoir les géographes des deux hémisphères. La
réunion du cinquième Congrès international de
géographie, à Berne, en 1891, a laissé, croyons-
nous, les meilleurs souvenirs à tous ceux qui y ont
pris part. Tradition oblige, et notre pays ne faillira
pas, nous l'espérons, à sa tâche. »

Pas n'est besoin d'en dire davantage. Le neuvième
Congrès international de géographie va bientôt s'ouvrir et servira de critère pour apprécier la valeur de
la Société de géographie de Genève. Tout ce que
nous pourrions ajouter ne serait que paroles oiseuses.
C'est de la réussite de ce grand œuvre que dépend
désormais l'avenir de notre Société de géographie.

La Société de géographie de Genève a adhéré
dès l'origine à l'Association internationale africaine,
cette œuvre de conquête scientifique et civilisa-
trice, due à l'initiative du roi des Belges Léopold II,
qui a abouti à la formation de l'Etat indépendant
du Congo. La Société de géographie a été représentée à la réunion de la Commission internationale qui eut lieu à Bruxelles, le 19 juin 1877, par
Henry de Beaumont et M. Gustave Moynier. Elle a
grandement contribué à la création du Comité natio-
nal suisse africain, qui depuis s'est dissous, en laissant
à l'ensemble des Sociétés suisses de géographie un
petit capital demeuré indivis entre elles et qui est destiné à faciliter les explorations africaines.

Ce fonds qui, de trois mille francs environ à l'origine, avait fini, grâce à la capitalisation des intérêts,
par s'élever, au 31 décembre 1905, à 6340 fr. 85, a
permis d'allouer, en 1906, une subvention de 6000 fr.
à l'expédition tentée par le Dr Walter Volz dans
l'Ouest africain pour l'exploration du hinterland de
la république de Libéria. On connaît la fin tragique
du jeune explorateur bernois, massacré par les Man-
dingues, à Boussedou, au printemps de l'année 1907.

Quinze années durant, la Société de géographie
de Genève demeura seule de son espèce en Suisse ;
mais de même que la fondation de la Société de géographie de Paris, en 1821, avait amené quelques
années plus tard la création de sociétés analogues a
Berlin, à Londres, à Francfort et ailleurs, de même
aussi l'établissement d'une Société de géographie à
Genève ne pouvait manquer, *si parva licet componere
magnis*, de trouver en Suisse des imitateurs et bientôt des émules, d'abord à Berne, puis à Saint-Gall et
à Aarau, pour la géographie commerciale, ensuite à
Neuchâtel et enfin à Zurich.

En 1881, à l'instigation de la Société de géographie
commerciale de la Suisse orientale (Saint-Gall), une
assemblée de délégués des trois Sociétés suisses de
géographie, réunis à Berne le 26 janvier, posa les
fondements d'une fédération. C'est l'Association des
Sociétés suisses de géographie, qui comprend aujour-
d'hui trois sociétés de géographie proprement dites,
celles de Genève, de Berne et de Neuchâtel, la Société de géographie commerciale de la Suisse orientale, à Saint-Gall, — celle d'Aarau n'existe plus —
et la Société de géographie et d'ethnographie de
Zurich.

Aux termes des statuts de l'Association, les Sociétés suisses de géographie se réunissent périodiquement en Assemblées générales ou Congrès, qui eurent lieu d'abord chaque année, puis, à partir de 1884, tous les deux ou trois ans[1]. Nous donnons ci-après le tableau chronologique de ces Congrès de 1881 à 1907. (Voir l'annexe I.)

Ces réunions ont fait naître parfois d'importants travaux ; mais nous sortirions du cadre de cette étude en nous en occupant ici. Nous ne pouvons cependant pas ne point faire mention de la remarquable exposition ethnographique du Turkestan et de la Perse, due à l'obligeance de M. Henri Moser, laquelle se rattache au Congrès de 1886, comme une gloire pour notre Société. Ajoutons que la Société de géographie de Genève, chargée trois fois de la direction de l'Association, a eu à organiser et à présider à quatre reprises le Congrès des Sociétés suisses de géographie en 1882, en 1886, en 1896 (réunion extraordinaire tenue à l'occasion de l'Exposition nationale suisse) et en 1898. C'est au Congrès de Genève, en 1896, que M. Alfred Bertrand a donné la primeur de son voyage d'exploration au pays des ba-Rotsi (Haut Zambèze).

Citons encore deux objets dont la Société de géographie a eu beaucoup à s'occuper : c'est d'abord le projet de *Géographie de la Suisse* dont la rédaction a été confiée en 1898, par un jury spécial réuni à Genève, à M. le Dr J. Früh, professeur à l'Ecole

---

[1] Il y eut un intervalle de trois ans entre le Congrès de Neuchâtel en 1890 et celui de Berne en 1893, à cause du grand Congrès international de géographie, qui avait eu lieu à Berne en 1891, et il en a été, dès lors, de même entre plusieurs des Congrès ultérieurs.

polytechnique fédérale de Zurich, avec la collaboration générale du Dr Maurice Lugeon, aujourd'hui professeur à l'Université de Lausanne, et que diverses circonstances malheureuses, entre autres le désistement de ce dernier, ont jusqu'ici empêché de mettre à chef, et le relief de la Suisse au 1 : 100 000 par l'éminent cartographe qu'est notre collègue M. Ch. Perron. Cette œuvre a abouti, grâce à l'énergie et à la persévérance de l'auteur et à l'appui de la Société de géographie. Exposée d'abord à Genève sous les auspices de notre compagnie, elle a valu à M. Perron la plus haute des distinctions, le grand prix, à l'Exposition universelle de Paris, en 1900.

CHAPITRE IV

Administration intérieure

L'ADMINISTRATION intérieure de la Société ne sera pas pour nous retenir bien longtemps.

Pendant près de vingt-sept années consécutives, de 1858 à 1885, la Société garda à sa tête le même Président, Henry Bouthillier de Beaumont.

En 1879, elle célébrait, non sans une certaine solennité — mais avec une année de retard — le vingtième anniversaire de sa fondation. A cette occasion, Henry de Beaumont prononça un excellent discours dans lequel il rappelait brièvement l'origine de la Société et exposait l'état des dernières découvertes géographiques.

Alphonse Briquet, Henri de la Harpe, Alexandre Lombard, Aloïs Humbert en qualité de vice-présidents, J.-L. Peschier comme bibliothécaire, et Ernest de Traz, qui remplit durant un quart de siècle les fonctions de secrétaire, ont rendu, aux côtés de Henry de Beaumont, d'assez grands services à l'administration de la Société pour que nous signalions leurs noms à la reconnaissance de leurs collègues.

Au commencement de l'année 1885, Henry de Beaumont, surpris et froissé de se trouver en désaccord avec le Bureau au sujet de la revision du règlement de la Société, déclina sa réélection à la présidence. Il fut remplacé, le 9 janvier, par le Dr Edouard

Dufresne, vice-président sortant de charge. Le même soir, la Société, par le vote unanime de tous les membres présents à la séance, décernait à son fondateur le titre, certes bien mérité, de Président honoraire. Un diplôme spécial, accompagné d'une lettre d'envoi signée par le Bureau et les membres de la Société, lui fut remis dans la séance du 23 janvier.

Dès lors, la présidence de la Société, perdant le caractère de pérennité qu'elle avait en fait, sinon en droit, est devenue annuelle, et le titulaire a changé à chaque exercice. On trouvera ci-après la liste des Présidents qui ont successivement occupé le fauteuil. Nous n'avons donc pas à citer leurs noms ici. (Voir l'annexe II.) Rappelons, toutefois, la mémoire de ceux qui ne sont plus : ce furent, après Henry de Beaumont et Edouard Dufresne, déjà nommés, Paul Chaix, Adolphe Gautier, Adolphe de Morsier, Henri de Saussure et Gustave Rochette. La Société de géographie garde pieusement le souvenir des uns et des autres.

Ajoutons que dans la séance du 24 novembre 1893, la Société, sur la proposition de son Bureau, conféra par acclamation à Paul Chaix, Président sortant de charge, le même titre de Président honoraire qu'elle avait donné huit ans auparavant à Henry Bouthillier de Beaumont.

Le règlement organique de la Société, péniblement élaboré en 1859 et revisé en 1877, avait été soumis à une refonte générale en 1884, pour en éliminer quelques dispositions surannées. En 1887, il reçut une heureuse adjonction. La Société adopta, non sans discussion, il est vrai, un article additionnel — dû à l'initiative du Président, qui était alors Adolphe

Gautier — aux termes duquel les dames sont admises à faire partie de la Société en qualité de membres effectifs.

Ce furent Madame Edouard Ador et Madame Galopin-Binet qui les premières profitèrent de cette disposition. Leur exemple a été suivi par plusieurs autres dames. Est-il nécessaire d'ajouter que les prévisions pessimistes des partisans exclusifs du côté de la barbe — qui voyaient dans l'admission des dames à nos séances le commencement de cette abomination de la désolation dont parle le prophète — ne se sont en aucune façon réalisées?

Bien au contraire.

Nous n'hésitons pas à dire que la Société de géographie n'a eu qu'à se féliciter à tous égards des conséquences de cette innovation.

Enfin, en 1893, les règlements ont subi un nouveau remaniement, nécessité cette fois pour permettre à la Société d'acquérir la personnalité civile et de posséder légalement un legs de quelques milliers de francs que lui avait fait Charles De Lor.

Le Bureau élabora un projet de statuts conforme aux dispositions de l'art. 716 du Code fédéral des Obligations, qui fut adopté à l'unanimité par la Société dans sa séance du 24 mars. (Voir l'annexe III.)

Le Bureau put alors procéder à l'inscription de la Société au Registre du Commerce et, par arrêté du 18 avril de la même année, le Conseil d'Etat, reconnaissant un caractère d'utilité publique à la Société de géographie, voulut bien lui accorder l'exemption des droits de succession sur les legs et donations qui lui sont faits. (Voir l'annexe IV.)

Enfin, par un article additionnel voté en date du

26 avril 1901, un fonds de réserve inaliénable jusqu'à
6000 francs et dont les revenus seuls peuvent être
affectés aux dépenses courantes, a été constitué par le
versement des sommes à ce destinées, ainsi que de la
moitié des legs, des dons d'hoirie et des cotisations
des membres à vie.

Les nouveaux statuts ont reproduit d'ailleurs toutes les dispositions de l'ancien règlement de 1884-
1887, pour autant qu'elles pouvaient se concilier avec
les prescriptions légales. Il n'y a été apporté que fort
peu d'innovations et, à n'en considérer que la lettre,
il semblerait que rien n'y a été changé. Mais — on
l'a parfois répété depuis dix-neuf siècles — la lettre
tue et l'esprit vivifie, or c'est l'esprit qui a changé.
A vrai dire, sa transformation est antérieure aux statuts actuels et il ne serait peut-être pas malaisé d'en
fixer la date.

Il y a quelque vingt ans les questions administratives avaient été trop souvent, sinon la cause — il
faudrait, à notre avis, la chercher ailleurs, mais nous
ne le ferons pas — du moins l'occasion ou le prétexte
de discussions aussi oiseuses qu'irritantes. On sait que

Tous les genres sont bons, hors le genre ennuyeux...

Voltaire a raison. N'insistons pas.

Du moment où les questions administratives n'ont
plus envahi subrepticement l'ordre du jour des séances de la Société, celles-ci ont commencé à être beaucoup plus fréquentées. Le nombre moyen des auditeurs a vitement doublé, triplé, voire quadruplé. Aux
vingt-quatre sièges qui avaient suffi pendant une tren-
taine d'années, le Bureau s'était vu dans l'obligation
d'ajouter d'urgence, en 1892, quarante chaises nou-

velles et, en 1895, il avait dû acheter quelques bancs
aussi peu confortables d'ailleurs qu'antiques et bon
marché. Aujourd'hui, les séances ont lieu dans l'am-
phitéâtre de l'Athénée, qui compte deux cent vingt-
cinq places, et nos conférenciers y attirent un public
nombreux, douze fois par hiver.

En même temps que la fréquentation des séances
augmentait, le nombre des sociétaires s'accroissait
d'une manière réjouissante.

Sous la présidence de Henry de Beaumont, le
nombre des membres effectifs s'était élevé de quinze
au 31 décembre 1858, à quatre-vingt-dix-sept au
1er janvier 1885. En 1887, sous la présidence
d'Adolphe Gautier, il montait à cent deux, attei-
gnant pour la première fois la centaine, mais il
retombait l'année suivante à quatre-vingt-dix-neuf,
pour s'élever, en 1889, sous la présidence de
Henri de Saussure, au chiffre de cent quatorze.

Le nombre de nos membres effectifs s'élevait en
1896, à cent cinquante — dont vingt-quatre dames
et sept membres à vie — parmi lesquels une dizaine
d'anciens collègues démissionnaires, revenus au
giron de la Société.

Pendant quelques années, ce chiffre demeura
stationnaire aux environs de cent cinquante, maximum que la Société de géographie semblait ne
pouvoir pas dépasser. Puis, le mouvement ascen-
sionnel reprit. La présidence de M. Egmond Gœgg,
en 1904-1905, a été particulièrement favorable au
recrutement de la Société (vingt-deux admissions)
et l'exercice en cours l'est encore davantage avec
vingt-sept nominations.

La Société de géographie compte aujourd'hui

207 membres effectifs parmi lesquels 50 dames et
13 membres à vie. La plupart des membres qui
avaient démissionné pour un motif ou pour un autre
depuis un quart de siècle nous sont successivement
revenus, et la Société de géographie ne saurait trop
s'en féliciter. Nous sommes particulièrement heureux de voir de nouveau, cette année, les noms de
Beaumont et de Saussure figurer dans la liste de
nos sociétaires où ils ont tenu longtemps une place
si considérable.

La Société compte, en outre, des membres honoraires au nombre de trente au maximum, « choisis
parmi les personnes qui se sont distinguées par
d'importants travaux ou qui ont rendu de grands
services à la Société », et des membres correspondants en nombre illimité. Nos premiers membres
honoraires ont été, en 1859 et en 1860, Adolphe
Pictet, J.-M. Ziegler, Jomard, de la Roquette,
l'amiral Lütke, le comte de Stackelberg, V.-A.
Malte-Brun, A. Boué, M. van de Velde et Mes-
dames J.-C. Eynard et F. Marcet. M. van de Velde
seul vit encore aujourd'hui. Nos derniers membres
honoraires sont le professeur Albert Penck, de
l'Université de Berlin; le Dr Fritz Sarasin, de Bâle,
président de la Société helvétique des sciences
naturelles, nommés en novembre 1906; Roald
Amundsen, à Christiania, et le Dr Alexandre Supan,
à Gotha, auxquels la Société vient de conférer ce
titre, à l'occasion de son cinquantenaire, le 27
mars 1908.

Nos premiers membres correspondants ont été
Georges Appia, Henri Pasteur, Thomassy, A. Hauss-
mann, Henri Hentsch, Berton, le baron Aucapitaine,

Crosnier de Varigny et Ed. Marcet. Deux d'entre
eux sont encore des nôtres : MM. G. Appia et
H. Pasteur.

Les derniers membres correspondants que nous
ayons nommés sont MM. G.-K. Gilbert, vice-président de la Société nationale de géographie, à Washington ; le Dr J.-H. Mac-Cormick, à Washington ;
le Dr David-T. Day, à Washington ; Henry-G.
Bryant, président de la Société de géographie de Philadelphie ; W.-M. Davis, professeur à l'Université de
Harvard, à Cambridge (Massachusetts); W. Libbey,
professeur à l'Université de Princeton (New-Jersey) ; Miss Zonia Baber, professeur à l'Université
de Chicago, et P. Vidal de la Blache, professeur à
l'Université de Paris, nommés en 1904, après le
huitième Congrès international de géographie ; le
baron Hulot, secrétaire général de la Société de
géographie de Paris ; Paul Labbé, secrétaire général
de la Société de géographie commerciale de Paris ;
E. Nicolle, ancien président de la Société de géographie de Lille ; Ch. Rabot, rédacteur (avec le baron
Hulot) de la *Géographie*, à Paris, et le capitaine de
frégate Ernest de Vasconcellos, secrétaire général
de la Société de géographie de Lisbonne, élus, en
1908, à l'occasion du jubilé demi-séculaire de la
fondation de la Société.

Le nombre total de nos membres correspondants
est ainsi aujourd'hui de cinquante-cinq. Nous donnons ci-après la liste complète des membres de la
Société au mois d'avril 1908. (Voir l'annexe V.)

La Société de géographie possède une bibliothèque géographique de quatre mille cinq cents volumes. Celle-ci s'accroît sans cesse tant du fait des

publications périodiques — présentement au nombre
de cent cinquante — envoyées à titre d'échange par
les Sociétés correspondantes, que grâce aux dons
reçus ou aux ouvrages gracieusement offerts par
leurs auteurs.

Il y a sans doute certaines lacunes dans la com-
position de la bibliothèque, mais il ne saurait en
être autrement; son accroissement, ne se faisant pas
par voie d'achat, ne peut être systématique et régulier. Très bien conduite par J.-L. Peschier et mise
dans un ordre excellent par M. Gustave Moynier,
qui voulut bien en accepter la direction pendant
quelques années, la bibliothèque, longtemps dirigée
par MM. d'Arcis et Welter, est aujourd'hui encore
en de bonnes mains, celles de MM. Ch. Froerei-
sen, conservateur, et Marc Proessel, bibliothécaire.
Ajoutons que pour rendre un hommage mérité aux
services dévoués de M. Aug. Revaclier, la Société
de géographie lui a conféré par acclamation, dans sa
séance du 29 novembre 1907, le titre créé pour lui
de conservateur honoraire de la Bibliothèque.

Mais pour rendre accessibles aux sociétaires les
ressources dont elle se compose, il était indispen-
sable d'en publier le catalogue. Ce travail, confié par
le Bureau à M. d'Arcis, qui malheureusement ne
l'acheva pas, a paru en 1897, et a rendu quelques
services à nos collègues. Les livres et les brochures
ne constituent d'ailleurs qu'une partie des richesses
de notre bibliothèque, qui possède une nombreuse
collection de cartes géographiques — plus de deux
mille — qui ont été classées et cataloguées avec soin
par M. Emile Chaix.

Le *Globe* dont nous avons signalé les débuts au

commencement de cette étude en est présentement à son XLVIIme volume.

Il paraît toujours en deux parties distinctes : le *Bulletin* et les *Mémoires*, formant chaque année un volume[1]. Toutefois, pendant trois ans, de 1885 à 1887, la Société de géographie s'est vue forcée, par des considérations financières, de renoncer à publier ses *Mémoires* et de borner sa publication au *Bulletin* seul. Celui-ci a reçu quelques modifications au cours de ces dernières années.

Les « infiniment petits » et les congratulations occupaient une place trop considérable dans les comptes rendus des séances. Le Bureau prit en 1890 une résolution spartiate et dès lors, le *Bulletin* n'a plus fait mention ni des remerciements que le Président ne peut pas ne pas adresser à l'auteur de toute communication quelle qu'elle soit, ni des témoignages d'approbation de l'assemblée. A dater de la même époque le *Bulletin* n'a plus rendu compte des discussions qu'autant « qu'elles ont une véritable importance scientifique ou qu'elles offrent un intérêt général pour la Société ».

La réforme était heureuse. Seuls, un ou deux sociétaires — sans doute plus athéniens que spartiates — regrettèrent de ne plus retrouver dans le *Globe* la mention de toutes les paroles ailées dont ils étaient prodigues. Encore ne le dirent-ils pas bien haut : on ne met pas volontiers les rieurs contre soi.

Ajoutons que la Société de géographie a célébré le cinquantième anniversaire de sa fondation

[1] Genève, Burkhardt, libraire-éditeur, in-8°.

dans sa séance du 27 mars 1908, à laquelle des repré-
sentants de l'Université, de l'Institut genevois, de
la Société de physique et d'histoire naturelle, de la
Société d'histoire et d'archéologie, etc., ont pris
part pour lui apporter les félicitations et les vœux
de leurs mandants. A cette occasion, la Société de
géographie de Genève a reçu le diplôme de membre
d'honneur de la Société de géographie et d'ethnographie de Zurich, distinction flatteuse à laquelle la
Société et son Bureau ont été très sensibles. Plus de
trente lettres et télégrammes de congratulations des
principales Sociétés de géographie d'Europe et
d'Afrique ainsi que de plusieurs explorateurs et géographes de marque ont donné un très grand intérêt
à cette séance jubilaire, dans laquelle nous avons eu
le privilège d'entendre une charmante allocution de
M. Casimir de Candolle, membre fondateur de la
Société en 1858, qui a retracé avec verve les débuts
modestes de l'institution due à l'initiative de Henry
de Beaumont, son développement graduel et enfin
ses succès.

CHAPITRE V

L'état présent des sciences géographiques. Conclusion.

L E rôle de la Société de géographie n'est plus aujourd'hui et ne peut plus être ce qu'il était en 1858, lors de sa fondation. C'était alors l'époque héroïque des découvertes géographiques retentissantes. Les grands noms des Livingstone, des Speke, des Grant, des Burton, des Stanley, volaient sur la bouche de la Renommée aux cent voix. Pas un jour ne s'écoulait en quelque sorte sans qu'un de ces courageux pionniers de la science n'arrachât au péril de sa vie quelque nouveau secret à cette terre d'Afrique si riche en prodiges.

Grâce à eux et à leurs successeurs, les Gordon, les Nessi, les Casati, les Emin, les Brazza, les Foureau, les Lamy et bien d'autres, le continent mystérieux sera bientôt pour nous sans mystère. A certains égards, la géographie de l'Afrique n'est-elle pas déjà mieux connue que telle région de l'Europe, par exemple de la péninsule balkanique?

Le jour viendra où il n'y aura plus de découvertes à faire que dans les régions polaires où la nature oppose à l'homme des barrières plus sûres que les sables brûlants du désert ou les ténèbres de la forêt immense et vierge.

Et pourtant l'impossible ne s'est-il pas réalisé en quelque mesure ? Nordenskjöld n'a-t-il pas accompli cette circumnavigation de l'Europe et de l'Asie si souvent tentée durant trois siècles ? Peary n'a-t-il pas démontré l'insularité du Groenland ? Les Jackson et les Nansen ne se sont-ils pas lancés à un an de distance sur la route du pôle nord?

Le 7 avril 1895, le plus illustre des Norvégiens atteignit, par 90° long. E. de Greenwich, 86° 13' 5" lat. N., et, pendant cinq années, Nansen détint le record boréal; mais le 15 avril 1900, le capitaine Cagni, commandant en second de l'expédition polaire du duc des Abruzzes, en un raid audacieux de quarante-cinq jours sur la glace, dépassait cette latitude et poussait jusqu'à 86° 33' lat. N. par 65 long. E., battant ainsi Nansen de 19' 5" — quelque trente-sept kilomètres ou environ.

Six ans s'écoulèrent, et le 87° lat. N. semblait toujours inaccessible. Un Américain ne devait toutefois pas tarder à y parvenir.

Le commandant Robert-Edwin Peary, de la marine des Etats-Unis, à qui la géographie était déjà redevable de la constatation de l'insularité du Groenland et de la découverte de la terre la plus septentrionale du monde, le cap Morris Jesup, qui s'avance dans les glaces de l'océan Arctique jusqu'à 83° 29' — Nansen et Cagni sont allés plus au nord, nous venons de le rappeler, mais sur la *banquise* polaire et non sur le sol — le commandant Peary, battant son propre record de 1902 (84° 17', la plus haute latitude qui eût été alors atteinte dans l'hémisphère américain), surpassant Nansen, surpassant Cagni, plantait, le 21 avril 1906, le .pavillon étoilé des

Etats-Unis sur des blocs de glace amoncelés, par
87° 6' lat. N., à 322 kilomètres du Pôle, si l'on ne
tient pas compte de l'aplatissement de la sphère terrestre aux latitudes élevées.

Mentionnons, sans nous y arrêter, l'héroïque
mais impossible tentative d'Andree, la folle et ridi-
cule entreprise de Wellmann, laquelle est, par ailleurs, toujours à l'état de projet.

Enfin, Roald Amundsen, Norvégien comme
Nansen, a retrouvé, en 1906, le pôle magnétique
boréal, découvert par John Ross en 1832, et, con-
tournant le continent américain, a franchi, le premier,
le fameux passage nord-ouest si souvent et si longtemps cherché en vain par les explorateurs arctiques, et fait, pour le nouveau monde, ce que le
grand Eric de Nordenskjöld avait fait pour le vieux
continent.

Où donc s'arrêtera l'homme séditieux ?

Qu'y a-t-il par delà les solitudes inviolées qui
gardent les approches du point précis où passe l'axe
du monde?

Qu'est-ce que le continent austral auquel on se
plaît à donner déjà le nom d'Antarctide ou d'Antarctique? Il y a peu d'années on pouvait encore se
demander s'il était une véritable entité géographique, ou s'il n'était au contraire qu'un mythe,
destiné, comme l'Atlantide du divin Platon, à mettre
un jour à l'épreuve la sagacité des géographes des
siècles à venir?

Aujourd'hui, le doute n'est plus possible, et —
quoi qu'en pense l'*Almanach Hachette* pour 1908 —
l'Antarctique existe.

Si la conquête du Pôle nord est bien, selon la belle expression que nous avons entendue, à Saint-Louis, en 1904, de la bouche du commandant Peary « le dernier des grands prix géographiques » offerts aux explorateurs, le problème de l'Antarctique, demeure la plus redoutable, la plus captivante et la plus décevante des inconnues de cette science géographique, la science par excellence puisqu'elle est la connaissance même de la planète où nous sommes condamnés à vivre.

En 1900, le 19 mars, Carsten Borchgrevink, encore un Norvégien que la Société de géographie de Genève s'honore de compter au nombre de ses trente membres honoraires, comme Nansen et Amundsen, atteignait, le 17 mars, 78° 50' lat. S., la latitude australe la plus extrême à laquelle on fût parvenu depuis James Ross, en 1843.

Six expéditions polaires antarctiques organisées au cours de ces dernières années en Belgique, en Angleterre, 'en Allemagne, en Ecosse, en Suède et en France ont agrandi le champ d'investigations du nouveau continent. Mais c'est à peine si jusqu'ici la lisière en est entamée, et c'est l'Antarctique qui mérite aujourd'hui ce nom de « continent mystérieux » donné autrefois à l'Afrique par Stanley. Les Gerlache, les Scott, les Drygalski, les Bruce, les Otto Nordenskjöld et les Charcot qui ont dirigé ces diverses expéditions ont bien mérité des sciences géographiques, et leur présence à Genève au neuvième Congrès international de géographie sera pour donner le plus grand lustre à ses travaux. Mais tandis que l'homme (Peary, en l'espèce,) s'est avancé, comme nous l'avons dit, jusqu'à 322 kilomètres du Pôle nord, une distance triple le sépare encore du Pôle sud. Si la conquête du premier n'est plus aujourd'hui qu'une question de temps, il en est tout autrement de celle du Pôle austral dont les névés immaculés ne sont pas près d'être foulés par un pied humain.

Mais, dira-t-on, en quoi la Société de géographie de Genève peut-elle contribuer aux progrès d'une science dans laquelle il devient ainsi chaque jour plus difficile de se distinguer et dans laquelle il sera bientôt impossible de le faire?

Le champ des découvertes géographiques diminue en effet de jour en jour, ou plutôt il subit une transformation graduelle, gagnant, si je puis dire, en profondeur ce qu'il perd en étendue.

Les prodigieux et émouvants itinéraires des voyageurs d'antan font place aux levés et à l'étude approfondie d'un territoire donné. La géographie locale et surtout la géographie spéciale, c'est-à-dire la géographie botanique, la zoogéographie, la géographie économique et sociale, la géographie médicale, etc., et, dans le champ de la géographie physique, la volcanologie, la glaciologie, l'hydrographie, l'océanographie, sans parler de la climatologie et de la météorologie, ouvrent au chercheur un champ d'études qui, pour parler peut-être moins à l'imagination, est aussi utile et fécond en résultats.

Il faut d'ailleurs savoir borner son ambition et n'oublier point qu'il en est de la géographie comme de toute autre science. C'est un édifice dans la construction duquel entrent les puissantes pierres de taille, des moellons de toutes dimensions depuis les plus gros jusqu'aux plus petits, voire du sable et de la chaux pour le mortier destiné aux jointoiements. Et le grain de sable n'est pas moins nécessaire à l'érection du monument que le bloc de granit lui-même.

Or, tout voyageur sachant voyager, c'est-à-dire observer et contrôler ses observations, tout professeur sachant enseigner, c'est-à-dire faire pénétrer dans le cerveau de ses auditeurs ce qu'il leur explique, tout écrivain sachant écrire, c'est-à-dire exposer dans un langage clair des idées qui ne soient pas obscures, peut apporter son grain de sable ou même son moellon à l'édifice qui est loin d'être achevé et qui selon toutes les probabilités ne le sera jamais.

En groupant les efforts individuels, en fournissant un champ d'action commun aux savants et à tous les hommes de bonne volonté qui s'intéressent « à l'étude, au progrès, à la diffusion de la science géographique dans toutes ses branches », une société comme la nôtre a rendu, rend et peut rendre encore de vrais services, à une condition toutefois, c'est que le manœuvre qui gâche le mortier ne se figure pas qu'il taille de la roche et que l'ouvrier qui place un moellon ne prétende pas en faire la maîtresse pierre de l'angle de l'édifice.

Sommes-nous parvenu, en jetant ce rapide coup d'œil sur la marche et les travaux de la Société de géographie pendant les cinquante années qui se sont écoulées depuis sa fondation en 1858, jusqu'en 1908, à donner quelque idée de son rôle et de son activité scientifique?

Si oui, le lecteur reconnaîtra probablement qu'elle a eu sa part d'influence — petite part nous le savons bien, mais qui n'en est pas moins réelle — dans le mouvement intellectuel de notre ville pendant la seconde moitié du XIXe siècle. Et il partagera sans doute alors le sentiment de respectueuse gratitude que nous éprouvons pour la mémoire de l'homme qui a pris l'initiative de la création de cette Société, pour ceux qui ont contribué, après lui, à sa fondation, qui l'ont soutenue de toutes les façons, qui ont jeté sur elle l'éclat de leurs travaux, de leur nom, de leur réputation scientifique, et il se joindra à nous pour exprimer le vœu que la Société de géographie de Genève, suivant la voie que lui ont tracée ses fondateurs, fournisse encore une longue et brillante carrière, qu'elle se développe chaque année davantage, qu'elle rende toujours plus de services à la science, que dans sa modeste sphère d'action elle fasse ainsi honneur à notre patrie genevoise et suisse, et « qu'elle s'avance d'un pas ferme et régulier, comme le disait notre prédécesseur, M. Lucien Gautier, dans son rapport présidentiel sur l'exercice 1906-1907, qu'elle s'avance d'un pas ferme et régulier vers son centenaire » que nos successeurs célébreront, s'il plaît à Dieu, en 1958.

Annexe I

Tableau chronologique des Congrès de l'Association
des Sociétés suisses de géographie.

I. Berne, 1881. 26 janvier. Séance constitutive de l'Association. Présidence de M. le prof. D' Th. STUDER, Président de la Société de géographie de Berne.

II. Berne, 1881. 27 octobre. Même présidence.

III. Genève, 1882. 29-31 août. Présidence de M. H. BOU-THILLIER DE BEAUMONT, Président de la Société de géographie de Genève.

IV. Zurich, 1883. 5-7 août. Présidence de M. SCHERRER-ENGLER, Président de la Société de géographie commerciale de la Suisse orientale, à St-Gall.

V. Berne, 1884. 24-26 août. Présidence de M. le prof. D' Th. STUDER, Président de la Société de géographie de Berne.

VI. Genève, 1886. 9-13 août. Présidence de M. le prof. Paul CHAIX, Président de la Société de géographie de Genève.

VII. Aarau, 1888. 19-21 août. Présidence de M. le D' BRUNN-HOFER, Président de la Société de géographie commerciale de la Suisse centrale, à Aarau.

VIII. Neuchâtel, 1890. 15-17 septembre. Présidence de M. Jules MARET, Président de la Société neuchâteloise de géographie.

IX. Berne, 1893. 1er-2 septembre. Présidence de M. le D GOBAT, Conseiller d'Etat, Président de la Société de géographie de Berne.

X. Saint-Gall, 1895. 22-24 août. Présidence de M. le prof. AMREIN, Président de la Société de géographie commerciale de la Suisse orientale, à St-Gall.

XI. Genève, 1896. 24-27 mai. Présidence de M. Arthur DE CLAPARÈDE, docteur en droit, Président de la Société de géographie de Genève.

XII. Genève, 1898. 4-7 septembre. Même présidence.

XIII. Zurich, 1901. 22-24 septembre, Présidence du colonel U. MEISTER, vice-Président de la Société de géographie et d'ethnographie de Zurich, Président du Vorort.

XIV. Neuchâtel 1904. 28-30 octobre. Présidence de M. le prof. Arthur DUBIED, Président de la Société neuchâteloise de géographie.

XV. Berne 1907. 31 août-2 septembre. Présidence du lieutenant-colonel L. HELD, directeur du Service topographique fédéral, Président de la Société de géographie de Berne.

Annexe II

Liste des Présidents de la Société de géographie de Genève.

Années	MM.
1858-1884	Henry Bouthillier de Beaumont, fondateur de la Société.

Après avoir exercé la présidence pendant près de vingt-sept années consécutives, M. Bouthillier de Beaumont, ayant décliné sa réélection, est nommé Président honoraire dans la séance du 9 janvier 1885.

1885	Edouard Dufresne, docteur en médecine.
1885-1886	Paul Chaix, professeur.
1886-1887	Adolphe Gautier, ingénieur.
1887-1888	Adolphe de Morsier.
1888-1889	Henri de Saussure.
1889-1890	Gustave Rochette.
1890-1891	Edouard Dufresne (pour la 2me fois).
1891-1892	Arthur de Claparède, docteur en droit.
1892-1893	Paul Chaix (pour la 2me fois).

M. Paul Chaix est élu Président honoraire dans la séance du 24 novembre 1893.

1893-1894	Arthur de Claparède (pour la 2me fois).
1894-1895	Emile Chaix, professeur.
1895-1896	Arthur de Claparède (pour la 3me fois).
1896-1897	Raoul Gautier, docteur ès sciences, professeur à l'Université, directeur de l'Observatoire.
1897-1898	Arthur de Claparède (pour la 4me fois).

5

1898-1899 Emile CHAIX (*pour la 2ᵐ fois*).

1899-1900 Arthur DE CLAPARÈDE (*pour la 5ᵐ fois*).

1900-1901 Raoul GAUTIER (*pour la 2ᵐ fois*).

1901-1902 Arthur DE CLAPARÈDE (*pour la 6ᵐ fois*).

1902-1903 Emile CHAIX (*pour la 3ᵐ fois*).

1903-1904 Arthur DE CLAPARÈDE (*pour la 7ᵐ fois*).

1904-1905 Egmond. GOBGG, professeur à l'Ecole supérieure de commerce.

1905-1906 Arthur DE CLAPARÈDE (*pour la 8ᵐ fois*).

1906-1907 Lucien GAUTIER, docteur en théologie et en philosophie, professeur honoraire de théologie.

1907-1908 Arthur DE CLAPARÈDE (*pour la 9ᵐ fois*).

Annexe III

Statuts de la Société de géographie de Genève.

(Du 24 Mars 1893)

Article premier. — La Société de géographie de Genève, fondée le 24 mars 1858, a pour but l'étude, le progrès et la diffusion de la science géographique dans toutes ses branches. Elle entretient des relations avec les diverses sociétés de géographie et d'autres sociétés savantes. Elle fait partie de l'*Association des Sociétés suisses de géographie*.

Art. 2. — Le siège social est à Genève. La Société est inscrite au Registre du Commerce et jouit de la personnalité civile conformément à l'article 716 du Code fédéral des Obligations.

Art. 3. — Les membres sont élus par la Société, sur la présentation du bureau, au scrutin secret et à la majorité absolue des membres présents : soit comme *membres effectifs* ; soit comme *membres correspondants*, proposés par le bureau en considération de leurs travaux, de leurs voyages ou de leurs publications envoyées à la Société ; soit comme *membres honoraires*. Ces derniers, dont le nombre est limité à trente, sont choisis parmi les personnes qui se sont distinguées par d'importants travaux, ou qui ont rendu de grands services à la Société. Les dames peuvent faire partie de la Société.

Art. 4. — La Société se réunit deux fois par mois pendant la saison d'hiver. Les membres sont convoqués par cartes personnelles. Ils ont le droit d'introduire aux séances des personnes étrangères à la Société en en prévenant le président. Dans la première séance de la saison, la Société entend le compte rendu administratif et financier du bureau, ainsi que le rapport des vérificateurs des comptes pour l'exercice écoulé. Elle nomme, au

scrutin secret et à la majorité des membres présents, pour le
nouvel exercice, son président, son vice-président, son secrétaire
général, les autres membres de son bureau au nombre de quatre
au moins, et deux vérificateurs des comptes. Les membres effectifs
sont seuls éligibles à ces diverses fonctions ; ils sont rééligibles.
Toutes les décisions sont valablement prises à la majorité absolue
des membres présents à la séance.

Art. 5. — Le bureau est chargé de tout ce qui concerne
l'administration de la Société ; il en répartit entre ses membres les
différentes branches. Il gère les fonds sociaux et représente la
Société vis-à-vis des tiers. Il peut notamment ester en jugement,
transiger, compromettre, accepter tous dons et legs, donner toutes
quittances et décharges, passer et signer tous actes au nom de la
Société, etc. Pour les actes à passer et les signatures à donner,
le bureau est valablement représenté par le président ou par un
autre de ses membres spécialement délégué à cet effet.

Art. 6. — Le bureau pourvoit aux dépenses de la Société au
moyen : 1° D'une contribution annuelle de vingt francs ou d'une
contribution unique de deux cents francs payée par les membres
effectifs. La contribution annuelle est réduite à quinze francs pour
les dames et à dix francs pour : a) les Suisses non résidant dans le
canton de Genève ; b) les personnes vouées à l'enseignement primaire et secondaire ; c) les jeunes gens au-dessous de vingt-cinq
ans. 2° Du produit de la vente de ses publications, du droit d'entrée aux cours ou séances publiques qu'elle organise, et d'autres
recettes éventuelles. 3° Des libéralités, dons ou legs de ses membres et de ses amis.

Art. 7. — Les sociétaires peuvent se retirer en tout temps en
donnant leur démission, par écrit, au président. Les membres qui
n'auraient pas acquitté leur contribution dans le courant de l'année
pourront, après avertissement, être considérés comme démision-
naires.

Art. 8. — Les sociétaires ne sont tenus à aucune responsabilité
personnelle quant aux engagements de la Société, lesquels sont
uniquement garantis par ses biens.

Art. 9. — En dérogation à la dernière disposition de l'article 4 des présents statuts, la dissolution de la Société ne peut être prononcée qu'à la majorité absolue de ses membres effectifs. En cas de dissolution, l'actif ne sera pas partagé entre les sociétaires ; il sera remis au Conseil d'Etat de la République et Canton de Genève, pour servir à un but analogue à celui de la Société dissoute.

ART. 10 (*Article additionnel adopté dans la séance du 26 avril 1901*). — Un *fonds de réserve*, dont les revenus peuvent seuls être affectés aux dépenses courantes, est constitué au moyen de sommes spécialement à ce destinées, ainsi que de la moitié des legs, des dons d'hoirie et des cotisations des membres à vie. Le capital de ce fonds sera inaliénable jusqu'à concurrence de six mille francs. Au delà de cette somme, il ne pourra être opéré de prélèvement sur le capital du fonds que par une décision motivée du bureau, prise à l'unanimité de ses membres, et approuvée par la Société dans une séance comprenant au moins le quart de ses membres effectifs.

Annexe IV

Extrait des registres du Conseil d'Etat
du 18 avril 1893.

Le Conseil d'Etat,

Vu la requête de MM. P. Chaix et Arthur de Claparède, président et vice-président de la Société de géographie de Genève, sollicitant l'exemption des droits de succession sur les legs et donations qui pourraient être faits à ladite Société ;

Vu la loi du 7 mai 1890 ;

Considérant que la Société ci-dessus désignée poursuit un but d'utilité publique et qu'elle est régulièrement inscrite au registre du commerce ;

Sur la proposition du Département des finances et des contributions,

Arrête :

D'exempter la Société de géographie de Genève des droits de succession sur les legs et donations qui lui seront faits.

Cette autorisation sera toujours révocable.

Pour copie conforme :
Le Conseiller d'Etat délégué,
Gustave Ador.

ANNEXE V

Liste des membres de la Société de géographie de Genève au 30 avril 1908.

Les noms des Présidents honoraires et des Membres à vie décédés sont maintenus sur cette liste.

Anciens Présidents honoraires :

† Henry BOUTHILLIER DE BEAUMONT, *Fondateur de la Société.*
† Paul CHAIX.

BUREAU EN 1908 :

MM.

Arthur DE CLAPARÈDE, *Président.*
Alfred BERTRAND, *Vice-Président.*
Fernand TAVEL, *Secrétaire général.*
Arthur SAUTTER, *Vice-Secrétaire.*
Paul BONNA, *Trésorier.*
Auguste REVACLIER, *Conservateur honoraire de la Bibliothèque.*
Charles FRÖREISEN, *Conservateur de la Bibliothèque.*
Raoul GAUTIER.
Emile CHAIX.
Egmond GOEGG.
Lucien GAUTIER.
François TURRETTINI.
William ROSIER.
André HARTMANN.
Charles SCHÖNDELMAYER.
Eugène PITTARD.

Commission du Globe :

Le Président, le Vice-Président, le Secrétaire général
et MM. Goegg, Lucien Gautier, Schöndelmayer et Fröreisen.

Vérificateurs des comptes :

MM. Guillaume Fatio et Joseph Collet.

1. Membres effectifs

a. *Membres à vie.*

MM.

Bertrand, Alfred.
Claparède (de), Alfred, Dʳ jur.
   ministre de Suisse à Berlin.
Claparède (de), Arthur, Dʳ jur.
Claparède (de), Mᵐᵉ Arthur.
Dunant, Pierre, Dʳ, prof.
Flournoy, Edmond.
† Galopin, Charles, professeur.
Gautier, Mᵐᵉ Lucien.

MM.

Gautier, Lucien, Dʳ th. et ph.
Goegg, Egmond, professeur.
Hartmann, André.
Martin, Antoine.
Martin, Charles, pasteur.
Prévost de Brebières, comte
   Henry.
† Strœhlin, Paul.

b. *Membres payant une contribution annuelle.*

Albizzi (degli), marquis.
Arcis (d'), Arthur.
Arent, A., général.
Art, Georges.
Aubert-Schuchardt, E.
Audeoud, Ernest.
Audeoud, Francis.
Bastard, Lucien, professeur.
Barth, Aug., Dʳ méd.
Barth, Fréd.-Karl.
Baylon-Sautter, Mᵐᵉ Albert.
Beaumont (de) Aloys.
Beaumont (de) Ernest.
Bedot, Maurice, professeur.

Berchem (van), Max.
Berchem (van), Victor.
Bertrand, Mᵐᵉ Alfred.
Bertrand, Mˡˡᵉ Julia.
Besson, Emile.
Boissier, Agénor.
Boissier, Alfred.
Boissonnas, Mˡˡᵉ Marguerite.
Bonna, Paul, banquier.
Borck, Mˡˡᵉ Johanna.
Briquet, John, Dʳ ès sciences.
Briquet, Mˡˡᵉ Laure.
Briquet, William, ingénieur.
Brocher de la Fléchère, Mᵐᵉ.

Brun, Albert, lic. ès sc.

Brunhes, Jean, professeur.

Budé (de), Eugène.

Bugnion, Ed., D^r, professeur.

Bunge, Ernest-A.

Burnier, Adrien.

Candolle (de), Casimir.

Candolle (de), Lucien.

Chaix, André, étudiant.

Chaix, Emile, professeur.

Chaix, Mme Emile.

Chappuis, Henry-J.

Chenevière, Mme Alfred.

Chodat, Robert, D^r, prof.

Choisy, Frank.

Claparède (de), Hugo, prof.

Claparède, Alexandre.

Claparède, Mme Hélène-Renée.

Claparède, René.

Claparède, Mme René.

Collet, Joseph.

Constantin, Eugène.

Coulin, Mlle A.

Coulin, Horace-L., ingénieur.

Delebecque, André.

De Vaud, Fernand.

Dingelstedt, Victor.

Dominicé, Adolphe.

Dubied, Arthur, professeur.

Dufour, Marc, D^r, professeur.

Dufresne, Théophile, avocat.

Dunant, Maurice.

Duparc, Louis, professeur.

Durand, Ernest-L., prof.

Eynard, Edmond.

Fatio, Guillaume.

Favre, Mlle Alice.

Favre, Camille.

Favre, Edouard

Favre, Louis, professeur.

Faye (de), Edouard, ingénieur.

Faye (de) Mme Edouard.

Ferreira da Cunha, Manuel-J.

Ferrière, Frédéric, D^r méd.

Ferrière, Louis, pasteur.

Fol, Mme Hermann.

Fröreisen, Charles.

Frossard de Saugy, Mme Maria.

Fulpius, Léon, architecte.

Gautier, Mme Emilie.

Gautier, Raoul, professeur.

Gautier, Mme Victor.

Goll, Hermann.

Goudet, Henri, D^r méd.

Grintzesco, Jean, D^r ès sc.

Guillaumet, Arnold.

Harrasowsky (de), Mme Th.

Hoffmann, A., pasteur.

Hoffmann, Louis-Frédéric.

Holban, Michel.

Humbert, William, ingénieur.

Keller, Adolphe, pasteur.

Klein, Jules.

Krafft, Antony, architecte.

Kummer, E., D^r méd.

Ladame, Paul, D^r méd.

Lardy, Edmond, D^r méd.

L'Huillier, Mlle Marguerite.

L'Huillier, Théodore.

L'Huillier, Mme Théodore.

Lombard, Alexis, banquier.
Lombard, Frank.
Lombard, Henri, D^r méd.
Lombard, Mme Henri.
Loup, Louis.
Lugeon, Maurice, professeur.
Mackenzie, C.-A.
Malan-Chaix, Mme.
Malsch, Albert.
Marcillac, Mlle Adèle.
Marignac (de), Mme Adolphe.
Martin, Mme Antoine.
Martin, Edouard, D^r méd.
Martin, Ernest, professeur.
Martin, Jacques, pasteur.
Mercier, Mlle Fanny.
Mercinier, Edgard.
Mirabaud, Georges.
Montet, Edouard, professeur.
Morin-Cayla, Théodore.
Morsier (de), Auguste.
Morsier (de), Mme Auguste.
Morsier (de), Mlle Mathilde.
Moynier, Gustave.
Muller, Charles, pasteur.
Muyden (van), Mme Aloys.
Muyden (van), Mlle Edmée.
Nägeli-Akerblom, D^r méd.
Naville, Aloys.
Naville, Théodore.
Naville, Mme Théodore.
Nicole, Jules, professeur.
Nienburg, Mlle.
Odier, Emile, banquier.
Odier, Gabriel, D^r jur.

Odier, James, banquier.
Oltramare, Paul, professeur.
Oschatz, Bruno.
Paccard, Edmond, banquier.
Pagès, Antoine, professeur.
Perrier, Julien.
Perron, Charles.
Pictet, Ernest, banquier.
Pictet de Pregny, Louis.
Piguet, Ch.-Em.
Pittard, Eug., professeur.
Pittard, Mlle Thérèse.
Proessel, Marc, *Bibliothécaire*.
Ramu, Edouard.
Rapin, D^r méd.
Rappard, Auguste.
Rehm, Charles.
Revaclier, Auguste.
Rey, Jean, ingénieur.
Rilliet, Mlle Mathilde.
Rive (de la), Gaston.
Rive (de la), Théodore.
Romieux, Henri.
Rosier, W., conseiller d'Etat.
Roulet-Barbey (de), Mme.
Roux, Louis.
Sabot, René, étudiant.
Saint-Georges (de), comte W.
Sarasin, Charles, professeur.
Sarasin, Edouard.
Sarasin, Mme Georges.
Sargenton, Mme A.
Saussure (de) Léopold.
Saussure (de) René.
Sautter, Arthur, D^r jur., not.

Sautter, Mme Arthur.

Sautter, Mlle Berthe.

Sautter, Louis, architecte.

Schazmann, Mme Paul.

Schenk, Alexandre, D^r.

Schmid, Eugène.

Schöndelmayer, Charles, prof.

Schœnau, Louis, professeur.

Schütz, Alfred, professeur.

Stein, Lewis.

Stetter, Otto.

Stetter, Mme Otto.

Stilling, Henri, D^r, prof.

Stoutz (de), Louis.

Tavel, Fernand, ingénieur.

Thomas, Mme Emile.

Tronchin, Henri.

Turrettini, François.

Turrettini, Mme François.

Vaucher, Henri.

Veinié, Mme Adrienne.

Volz, Mlle Louisa.

Weber, Mlle Elisabeth.

Wertheimer, J., grand rabbin, professeur.

Willy, Mlle Emma.

Wyttenbach (de), Edouard.

II. Membres honoraires

Le nombre des membres honoraires est limité à trente par l'art. 3 des Statuts.

MM.

le Dr Théophile Studer, professeur, ancien président de la Société de géographie de Berne.

de Semenof, vice-président de la Société impériale de géographie de Russie.

Julius de Payer, à Vienne (Autriche).

le Dr Schweinfurth, à Berlin.

Henri Moser, à Schaffhouse.

Edouard Naville, professeur à l'Université de Genève.

Alexandre Woeïkof, professeur, à Saint-Pétersbourg.

Guido Cora, professeur, à Rome.

le Dr Gobat, président honoraire de la Société de géographie de Berne.

le Dr Hamy, membre de l'Institut de France, professeur au Muséum d'histoire naturelle, à Paris.

le marquis Giacomo Doria, sénateur, ancien président de la Société italienne de géographie, à Rome.

Clements-R. Markham, président d'honneur de la Société royale de géographie, à Londres.

Arminius Vambéry, professeur à l'Université de Budapest.

le commandant Robert-E. Peary, à Washington.

le Dr Fridtjof Nansen, professeur à l'Université de Christiania, ministre plénipotentiaire de Norvège à Londres.

S. Exc. Alfred Ilg, Conseiller d'Etat de S. M. le Roi des rois d'Ethiopie, à Addis-Ababa.

S. A. R. Louis de Savoie, duc des Abruzzes, à Turin.

le général Suarez Inclan, vice-président de la Société de géographie, à Madrid.

Emile Levasseur, de l'Institut de France, à Paris.

C.-E. Borchgrevink, à Christiania.

S. A. le prince Roland Bonaparte, de l'Institut de France, à Paris.

Sven de Hedin, à Stockholm.

Adrien de Gerlache, à Bruxelles.

le Dr Otto Nordenskjöld, à Stockholm.

sir John Murray, à Edimbourg.

le comte de Pfeil, à Friedersdorf, par Lauban (Silésie prussienne).

le Dr Albrecht Penck, professeur à l'Université de Berlin.

le Dr Fritz Sarasin, président de la Société helvétique des Sciences naturelles, à Bâle.

Roald Amundsen, à Christiania.

le professeur Dr Alexandre Supan, à Gotha.

III. MEMBRES CORRESPONDANTS

MM.

Georges Appia, à Paris.

Henry Pasteur, à Londres.

Müllhaupt-de Steiger, à Berne.

le Dr Oscar Lenz, conseiller aulique, professeur, à Prague.

Léon de Rosny, à Paris.

H. Hoeylaerts, consul général de Siam, à Bruxelles.

A. de Smidt, general-surveyor, au Cap.

P. Berthoud, missionnaire, à Lourenço-Marquez.

Frank Vincent, à New-York.

Albert Roussy, à Jitomir (Volhynie).

F. Ramseyer, missionnaire, à la Côte-d'Or.

Moreno, professeur, à la Paz, Bolivie.

le Dʳ Hotz-Linder, à Bâle.

le comte de Bizemont, à Paris.

Paul Gaffarel, professeur, à Dijon.

A.-J. Mounteney Jephson, à Eastbourne.

Jules Borelli, à Marseille.

Edouard Brückner, professeur à l'Université de Vienne.

Jules Maret, à Neuchâtel.

C. Knapp, professeur, à Neuchâtel.

R.-A. Eekhout, à Soekaboemi (Java).

le chevalier Elio Modigliani, à Florence.

Henri Cordier, de l'Institut de France, professeur à l'Ecole des langues orientales vivantes, à Paris.

le commandeur Giacomo Dalla Vedova, ancien président de la Société italienne de géographie, à Rome.

le chevalier Stephen Sommier, à Florence.

Mᵐᵉ Zelia Nuttall, à Coyoacan près Mexico.

Mᵐᵉ la comtesse Ouvarof, président de la Société impériale d'archéologie de Moscou.

le Dʳ F. Machon, à Lausanne.

J.-Scott Keltie, secrétaire de la Société royale de géographie, à Londres.

L.-G. Binger, Ministère des Colonies, Paris.

le colonel J.-J. Lochmann, ancien directeur du Bureau topographique fédéral, à Lausanne.

P.-L. Monteil, lieutenant-colonel d'infanterie de marine, à Paris.

le Dʳ J.-H. Graf, professeur à l'Université de Berne.

le Dʳ F.-A. Forel, professeur honoraire à l'Université de Lausanne, à Morges.

le Dʳ C. Keller, professeur, président de la Société de géographie et d'ethnographie, à Zurich.

Henri-A. Junod, missionnaire, à Lourenço-Marquez.

le Dʳ Raymond de Girard, professeur à l'Université de Fribourg (Suisse).

F. Cvijic', professeur à l'Université de Belgrade.

S. Biéler, directeur de l'Institut agricole vaudois, à Lausanne.

Marcel Monnier, à Paris.

Georges Foucart, à Paris.

Jacques Huber, Dʳ ès sciences, Musée de Pará (Brésil).

Hugues Le Roux, à St-Germain-en-Laye (Seine-et-Oise), France.

G.-K. Gilbert, vice-président de la Société nationale de géographie, à Washington.

le Dʳ J.-H. Mac-Cormick, à Washington.

le Dʳ David-T. Day, à Washington.

Henry-G. Bryant, président de la Société de géographie de Philadelphie.

W.-M. Davis, professeur à l'Université de Harvard, à Cambridge (Massachusetts).

W. Libbey, professeur à l'Université de Princeton (New-Jersey).

Miss Zonia Baber, professeur à l'Université de Chicago.

P. Vidal de la Blache, professeur à l'Université de Paris.

le baron Hulot, secrétaire général de la Société de géographie de Paris.

Charles Rabot, rédacteur de la *Géographie*, à Paris.

Paul Labbé, secrétaire général de la Société de géographie commerciale de Paris.

le capitaine de frégate Ernest de Vasconcellos, secrétaire général de la Société de géographie de Lisbonne.

Ernest Nicolle, ancien président de la Société de géographie de Lille (Nord).

TABLE DES MATIÈRES

	Pages
Préface de la seconde édition	7
Avant-propos de la première édition	11
Chapitre I. Les Débuts	13
Chapitre II. Cinquante années d'activité scientifique . .	20
Chapitre III. Relations avec les autres Sociétés de géographie. Congrès	38
Chapitre IV. Administration intérieure	44
Chapitre V. L'état présent des sciences géographiques. Conclusion	54
Annexe I. Tableau chronologique des congrès de l'Association des Sociétés suisses de géographie	61
Annexe II. Liste des Présidents de la Société de géographie de Genève	63
Annexe III. Statuts de la Société de géographie de Genève	65
Annexe IV. Extrait des registres du Conseil d'Etat du 18 avril 1893	68
Annexe V. Liste des membres de la Société de géographie de Genève au 30 avril 1908	69